"双高"建设校企合作双元开发新形态信息化教材
高等职业教育交通运输类技能型人才培养实用教材

轨道施工与BIM技术应用

主 编 胡 蓉 周 琰 唐 莉
副主编 白文博

西南交通大学出版社
·成 都·

图书在版编目（CIP）数据

轨道施工与 BIM 技术应用 / 胡蓉，周琰，唐莉主编. 成都：西南交通大学出版社，2025.6. --（"双高"建设校企合作双元开发新形态信息化教材）（高等职业教育交通运输类技能型人才培养实用教材）. -- ISBN 978-7-5774-0511-7

Ⅰ. U215.1-39

中国国家版本馆 CIP 数据核字第 202525MX40 号

"双高"建设校企合作双元开发新形态信息化教材
高等职业教育交通运输类技能型人才培养实用教材
Guidao Shigong yu BIM Jishu Yingyong
轨道施工与 BIM 技术应用

	策划编辑／罗在伟
	责任编辑／杨　勇
主　编／胡　蓉　周　琰　唐　莉	助理编辑／陈发明
	责任校对／谢玮倩
	封面设计／GT 工作室

西南交通大学出版社出版发行
（四川省成都市金牛区二环路北一段 111 号西南交通大学创新大厦 21 楼　610031）
营销部电话：028-87600564　　028-87600533
网址：https://www.xnjdcbs.com
印刷：四川森林印务有限责任公司

成品尺寸　185 mm×260 mm
印张　11.5　　字数　286 千
版次　2025 年 6 月第 1 版　　印次　2025 年 6 月第 1 次
书号　ISBN 978-7-5774-0511-7
定价　38.00 元

课件咨询电话：028-81435775
图书如有印装质量问题　本社负责退换
版权所有　盗版必究　举报电话：028-87600562

党的二十大报告提出："统筹职业教育、高等教育、继续教育协同创新，推进职普融通、产教融合、科教融汇，优化职业教育类型定位。"在职业教育领域我们要坚持产教融合、校企合作，坚持工学结合、知行合一，培养更多高素质劳动者、高技能人才、能工巧匠、大国工匠。

本书由校企合作双元开发，集新形态、信息化教学于一体，教学内容和现场实际工作紧密结合，旨在培养高素质技术技能型人才。

2020年3月，中央政治局提出："加快推进国家规划已明确的重大工程和基础设施建设，加快5G网络、数据中心等新型基础设施建设进度。"城际高速铁路和城际轨道交通也是"新基建"的重要组成部分。铁路建设本属于"老基建"的范畴，而城际高速铁路和城际轨道交通新基建也为铁路建设注入了新活力。由此可见，轨道交通行业产业规模将进一步扩大。

BIM（Building Information Modeling，建筑信息模型）是以建筑工程项目的各项相关信息数据作为模型的基础，进行建筑模型的建立，具有可视化、协调性、模拟性、优化性和可出图性五大特点，在提高生产效率、节约成本和缩短工期方面发挥重要作用。

将轨道施工与BIM技术结合可使项目施工建设过程实现管理标准化、信息化、过程化、精细化，做到节约成本，降低污染，提高效率。目前各城市建设项目都在积极引进BIM技术，因此，越来越需要有一本将BIM技术融入工程项目的适合轨道施工的教材。

本教材是按照"项目-任务"体例编写，分为4个项目。本教材密切联系实际和当前最新规范、技术、工艺，将BIM技术应用于各项任务，力求学生全面掌握轨道各部分施工要求；同时融入课程思政要素，旨在实现协同育人、立德树人。为适应学生自学及当前信息化教学的要求，每个任务都有明确、具体的知识目标和能力目标，并精选了测试题和知识点讲解视频等共享学习资源，将其制作成二维码供师生学习使用。

本书由重庆交通职业学院胡蓉、周琰、唐莉主编；中国葛洲坝集团市政工程有限公司白文博担任副主编；重庆交通职业学院陈玉洁、王志博、孙进强参与了编写工作。编写分工为：胡蓉编写前言及项目二和项目三中的 BIM 技术应用部分；唐莉编写项目一；孙进强编写项目四（任务一　高速铁路有砟道岔铺设）；周琰编写项目二和项目三；陈玉洁编写项目四（任务二　普通单开道岔检查、任务三　高速铁路道岔检查）；王志博编写项目一（任务一　有砟轨道的构造认知）中 BIM 技术应用部分；白文博编写项目三（任务六　道床板混凝土施工）。全书由胡蓉负责统稿，由重庆市铁路（集团）有限公司高级工程师姚辉主审。在本书编写过程中，参考了大量相关的优秀教材、著作、文献和规范等资料，在此谨向所有文献和资料的作者表示衷心的感谢和敬意。

由于编者水平和经验有限，教材中难免存在疏漏和错误，衷心希望使用本教材的读者批评指正。

编　者

2025 年 1 月

目录 CONTENTS

项目一 有砟轨道及其 BIM 技术应用

任务一　有砟轨道的构造认知 ·· 001
任务二　轨道几何形位的测量 ·· 026

项目二 CRTSⅢ型板式无砟轨道及其 BIM 技术应用

任务一　CRTSⅢ型板式无砟轨道底座施工 ································· 034
任务二　隔离层及弹性缓冲垫层施工 ······································· 049
任务三　轨道板铺设施工 ·· 057
任务四　轨道板精调 ·· 064
任务五　自密实混凝土灌注施工 ·· 074

项目三 CRTS双块式无砟轨道及其 BIM 技术应用

任务一　支承层施工 ·· 086
任务二　混凝土底座及限位凹槽施工 ······································· 095
任务三　隔离层及弹性垫层施工 ·· 104
任务四　轨排支撑架法轨排组装、调整及固定 ··························· 109
任务五　轨排框架法轨排组装、调整及固定 ······························ 122
任务六　道床板混凝土施工 ·· 134

项目四 道岔及其 BIM 技术应用

任务一　高速铁路有砟道岔铺设 ·· 149
任务二　普通单开道岔检查 ·· 160
任务三　高速铁路道岔检查 ·· 165

参考文献 ··· 176

项目一　有砟轨道及其BIM技术应用

任务一　有砟轨道的构造认知

任务目标

知识目标	能力目标	素养目标
（1）了解有砟轨道结构不匹配可能出现的危害； （2）熟悉有砟轨道建模方法； （3）掌握有砟轨道的基本构造	（1）能够正确认识有砟轨道的基本构造，并根据实际情况选择钢轨类型、轨枕、扣件等； （2）能够掌握有砟轨道各部分的作用及类型； （3）能够进行有砟轨道模型的建立	（1）具有吃苦耐劳、团队协作、不断学习的精神； （2）具有较强的情绪调节、环境适应、信息处理、分析总结和组织能力； （3）具有严格按照相关规范操作的意识

案例引入

2012年6月16日10:02，哈尔滨铁路局嫩林线一货运列车运行至蒙克山—盘古间K517+364处，因线路轨道框架强度不足，轨距扩大，造成机后第21~25位车辆和尾部补机脱轨，经救援17日6:29开通区间，中断正线行车20 h 33 min，构成铁路交通较大事故。加格达奇工务段负全部责任。

事故原因分析：由于事故发生区段线路轨道框架强度不足，造成轨距扩大，轨道对车轮的约束引导作用丧失，致使机后第21~25位车辆和尾部补机脱轨。轨道框架强度是由钢轨、轨枕、扣件、道床及轨道加强设备的整体强度决定的，轨道框架强度降低是由于上述一种或几种部件强度不足所致。

为了提高轨道框架整体强度必须选择与轨道类型相匹配的钢轨、轨枕、扣件、道床及轨道加强设备，并且将扣件拧紧，道床捣固密实，轨道加强设备安装牢固。

任务知识

铁路轨道是铁路线路的上部建筑，其作用是引导列车运行，直接承受列车荷载，并传到路基上。目前，我国使用的轨道结构形式主要分为有砟轨道和无砟轨道两种。

有砟轨道是指采用碎石等散粒体及轨枕为轨下基础的轨道结构，一般由钢轨、轨枕、联结零件、道床、轨道加强设备和道岔组成,如图 1-1-1 所示。有砟轨道具有结构简单、铺设容易、维修方便和弹性良好的特点,且造价相对较低,但在高速行车条件下有可能造成道砟飞溅,轨道稳定性和几何形位保持能力相对较差。

图 1-1-1　有砟轨道

无砟轨道是指采用混凝土等整体结构取代散粒碎石道床为轨下基础的轨道结构,如图 1-1-2 所示。无砟轨道整体性强,纵、横向稳定性均较好,平顺性高,养护维修工作量相对较小,但刚度较大,弹性较差,造价比有砟轨道高。

图 1-1-2　无砟轨道

《铁路轨道设计规范》(TB 10082—2017)中指出,轨道设计标准结合铁路等级和运营条件进行划分。铁路等级根据其在铁路网中的作用和性质、旅客列车设计速度和近期客货运量确定,分为高速铁路、城际铁路、客货共线铁路和重载铁路。运营条件根据轴重、速度、年通过总质量等进行划分。

在选定轨道设计标准时，首先要根据铁路等级和运营条件选定钢轨类型、配套扣件、轨枕及配置根数、道床材料和断面尺寸等。要使整体结构的各组成部分互相配套，充分发挥各自的工作性能，既有足够的强度、稳定性、耐久性，又能满足养护维修的要求。

知识点一　钢　轨

1. 钢轨的功用

钢轨是铁路轨道的主要组成部件。它的功用是引导机车车辆的前进；直接承受来自车轮的垂直力、横向水平力和纵向水平力，并将力传给轨下基础。钢轨为车轮的滚动提供连续、平顺和阻力最小的表面。为了使列车能够安全、平稳和不间断地运行，钢轨除必须充分发挥上述诸功能外，还应保证在轮载和轨温变化的作用下，应力和变形均不超过规定的限值。这就要求钢轨具有足够的强度、韧性和耐磨性；同时要有一定的塑性、刚度和可挠性。由于机车依靠轮轨之间的摩擦作用牵引列车前进，钢轨顶面应具有一定粗糙度，以增加轮轨间的黏着力，同时又要光滑，以减少行车阻力。

视频：钢轨断面及类型

2. 钢轨的断面及类型

作用于直线轨道钢轨上的力主要是竖直力，其结果是使钢轨挠曲。可将钢轨看作支承在弹性基础上的无限长梁，梁抵抗挠曲的最佳断面形状为工字形。因此，钢轨采用由轨头、轨腰轨底三部分组成的宽底式工字形断面，具体尺寸如图 1-1-3、图 1-1-4 所示。钢轨的四个主要参数分别是轨头宽度 b、轨腰厚度 t、钢轨高度 H 及轨底宽度 B。

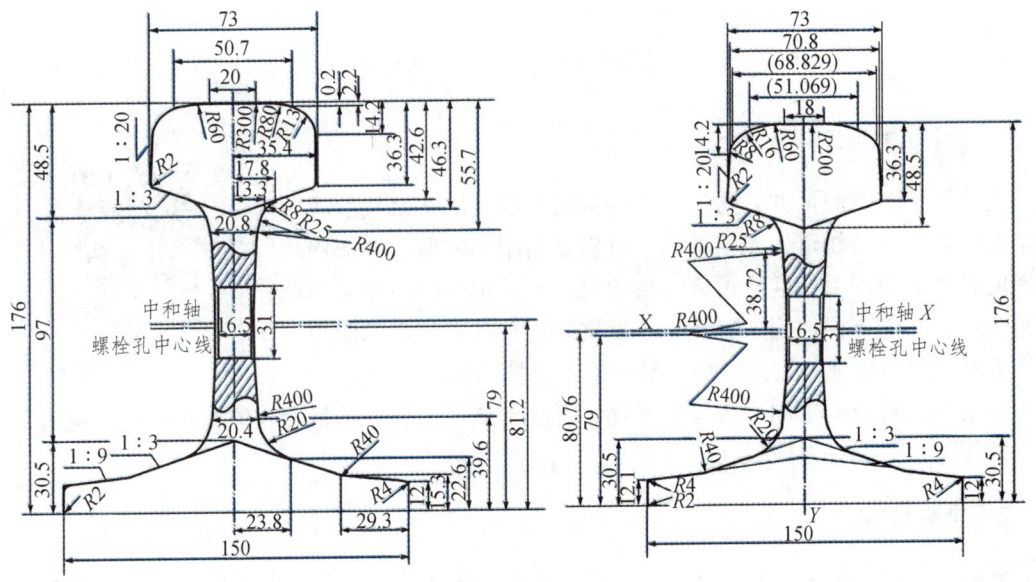

图 1-1-3　60 kg/m、60 N 钢轨标准横断面尺寸（单位：mm）

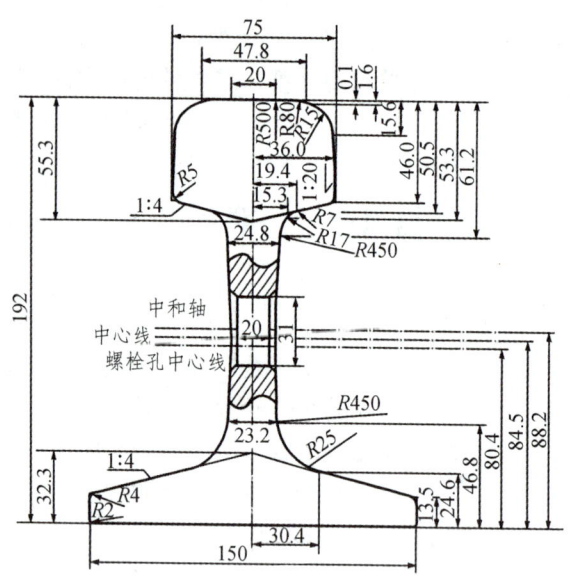

图 1-1-4　75 kg/m、75 N 钢轨断面尺寸（单位：mm）

钢轨的类型一般以取整后的每米长度钢轨的质量（kg/m）来表示，目前我国铁路的钢轨类型主要有 75 kg/m、60 kg/m、50 kg/m、43 kg/m、38 kg/m。钢轨的定尺长度为：对于 43 kg/m 型钢轨，分为 12.5 m 和 25 m 两种；对于 50 kg/m、60 kg/m 型钢轨，分为 12.5 m、25 m 和 100 m 三种；对于 75 kg/m 型钢轨分为 25 m、75 m 和 100 m 三种。另外，在曲线部分，由于外股轨线比内股轨线长，为保证轨缝对接，内股钢轨需要采用缩短轨。对于 12.5 m 标准轨系列的缩短轨有缩短量 40 mm、80 mm 和 120 mm 三种；对于 25 m 标准轨系列的缩短轨有缩短量 40 mm、80 mm 和 160 mm 三种。钢轨类型的选择不仅是一个技术问题同时也是一个经济问题，选型时还要综合考虑有关规定、运营条件、合理的修理周期等确定。

知识点二　轨　枕

1. 轨枕的功用

轨枕置于钢轨的下方，通过扣件将钢轨固定。因此轨枕的功用是支撑钢轨，保持轨道的几何形位，特别是轨距和方向，并把钢轨传递的各个方向的力传递给道床。轨枕应具有一定的坚固性、弹性和耐久性，并能方便地固定钢轨，有抵抗纵向和横向位移的能力，并且应具有价格低廉、制造简单、易于铺设养护的特点。

视频：混凝土轨枕

轨枕按照材质的不同主要分为木枕、混凝土枕、钢枕等，目前我国铁路干线上绝大部分线路使用的都是混凝土枕。

2. 混凝土枕

混凝土枕的全称是预应力混凝土轨枕。混凝土枕具有重量大、稳定性好、不受气候影响，使用寿命长、材料来源较广、能保证均匀的几何尺寸、轨道弹性均匀、平顺性好、扣件易更换、制造相对简单等优点。特别是铺设混凝土枕可以节约大量优质木材，对保护森林资源有积极作用。但混凝土枕也有弹性差、绝缘性能低、更换较困难的缺点。

按结构形式的不同，目前使用的混凝土枕分为整体式、短枕式和组合式（或称为双块式），如图 1-1-5 所示。

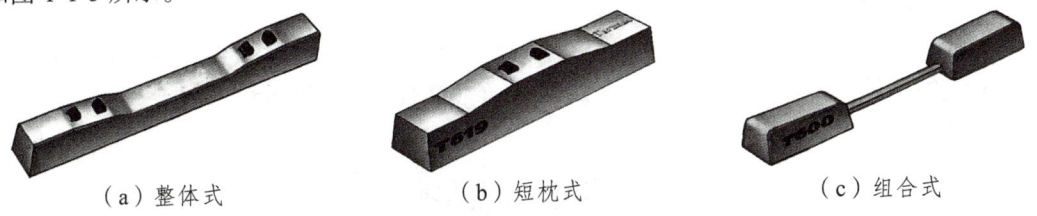

（a）整体式　　　　　　（b）短枕式　　　　　　（c）组合式

图 1-1-5　混凝土枕的结构形式

我国和世界上大部分国家均采用整体式预应力混凝土枕。我国铁路使用的混凝土枕按现行标准分为三级：Ⅰ型枕、Ⅱ型枕、Ⅲ型枕，并与不同轨道类型配套使用，如表 1-1-1 所示。

表 1-1-1　混凝土枕的名称

统一名称	原名称
Ⅰ型	筋（丝）79 型预应力混凝土枕、S-1 型枕、J-1 型枕等
Ⅱ型	S-2 型枕、J-2 型枕、筋（丝）81 型预应力混凝土枕、新Ⅱ型枕
Ⅲ型	Ⅲa 型枕、Ⅲb 型枕、Ⅲc 型预应力钢筋混凝土枕

3. 混凝土枕的外形及尺寸

混凝土枕断面为梯形，上窄下宽。梯形断面便于脱模。底面宽一些是为了保证有足够的支承面积，以减少对道床的压力。为适应轨底坡要求承轨槽是 1∶40 的斜面。轨枕底面支承在道床上，在两端承轨槽处，因要直接传递钢轨上的压力，要求轨枕宽一些，以增加支承面积，减少道床压力，增加道床阻力，中间部分可窄一些。Ⅲa 型混凝土轨枕外形尺寸如图 1-1-6 所示。

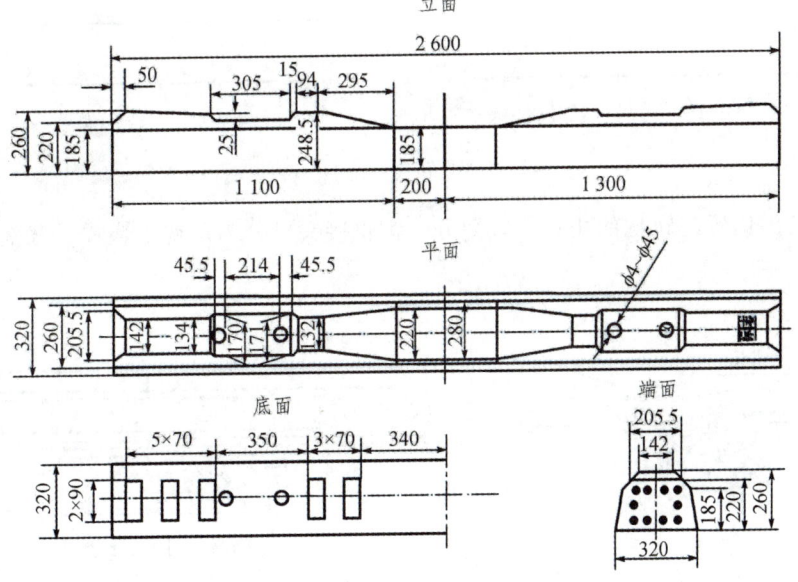

图 1-1-6　Ⅲa 型混凝土轨枕外形尺寸（单位：mm）

4. 混凝土枕的铺设数量

根据优化轨道结构、实现各部件性能的合理匹配、提高轨道结构整体承载能力的要求,《铁路轨道设计规范》(TB 10082—2017)规定,高速铁路、城际铁路及客货共线级铁路设计速度大于或等于 160 km/h 应采用Ⅲ型混凝土枕。客货共线Ⅰ、Ⅱ级铁路设计速度 120 km/h 及以下可铺设Ⅲ型轨枕或新Ⅱ型轨枕,铺设新Ⅱ型混凝土枕的根数为 1 760 根/km(轨枕间距 570 mm),铺设Ⅲ型混凝土枕的根数为 1 667 根/km(轨枕间距 600 mm)。

知识点三 联结零件

轨道联结零件分为连接钢轨与钢轨的接头联结零件,和连接钢轨与轨枕的中间联结零件(也称扣件)。

(一)钢轨接头联结零件

1. 钢轨接头的类型

普通轨道上钢轨铺设后,应保证相邻钢轨联结处的连续与整体性,传递和承受弯矩与横向力,同时还要满足钢轨伸缩的要求,因此钢轨与钢轨之间一般需通过夹板和螺栓将标准轨端进行连接,这种构造称为钢轨接头。钢轨接头是轨道的薄弱环节之一,钢轨接头轨面不连续,增加了行车阻力和车轮对轨道的动力冲击作用,容易造成多种病害,如轨面低塌、道床翻浆、钢轨产生鞍形磨耗、螺栓孔断裂、轨枕开裂等。因此必须对接头予以充分的重视,选择合理的结构形式。

按左右两股钢轨接头的相对位置划分,可将钢轨接头分为相对式接头和相错式接头,如图 1-1-7 所示。

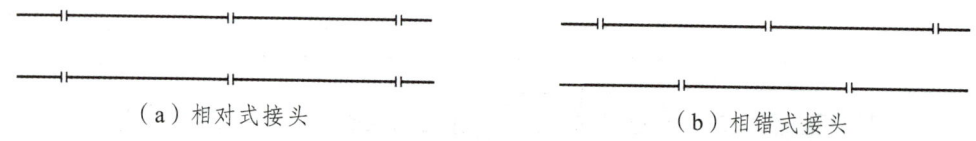

(a)相对式接头　　　　　　　　(b)相错式接头

图 1-1-7　钢轨接头的相对位置

按钢轨接头位置与轨枕的相对位置划分,钢轨接头可分为单枕承垫式、双枕承垫式、悬空式,如图 1-1-8 所示。

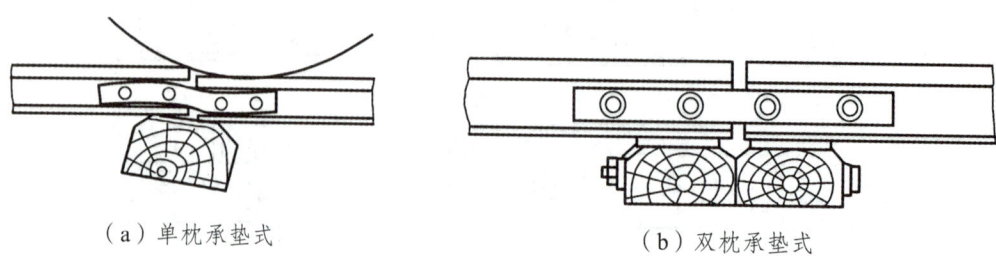

(a)单枕承垫式　　　　　　　　(b)双枕承垫式

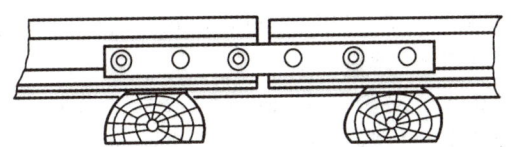

（c）悬空式

图 1-1-8　钢轨接头的承垫方式

按接头联结的用途及工作性质划分，钢轨接头可分为普通接头和特种接头，特种接头又包括导电接头、异形接头、绝缘接头、尖轨接头、冻结接头、焊接接头等。

2. 普通接头

普通接头用于前后两种同类型钢轨的正常联结，普通接头联结零件由接头夹板（鱼尾板）、接头螺栓、螺母、垫圈等组成，如图 1-1-9 所示。

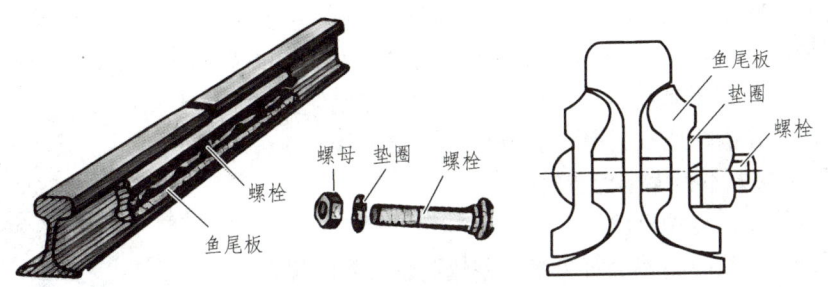

图 1-1-9　普通钢轨接头

3. 预留轨缝

视频：钢轨轨缝及设置

普通线路上钢轨与钢轨之间留有一定的缝隙，称为轨缝，是为了钢轨适应热胀冷缩的需要。每节钢轨通过夹板和接头螺栓将其连接起来。随着轨温变化，钢轨将发生伸缩，这个伸缩量由钢轨螺栓孔、夹板螺栓孔与螺栓杆之间的间隙来提供。我们将受钢轨、接头夹板及螺栓尺寸限制，在构造上能实现的轨端最大缝隙值为构造轨缝。若轨缝超过构造轨缝，接头螺栓承受剪力。在铺轨施工时，如需要预留一定的轨缝（预留轨缝），其大小也要适当。

预留轨缝的原则是：

（1）当轨温达到当地最高轨温 T_{max} 时，轨缝应大于或等于 0，即轨缝不顶严，以避免轨端受顶力和过大的温度力引起线路胀轨跑道。

（2）当轨温达到当地最低轨温 T_{min} 时，轨缝不超过构造轨缝，以保证接头螺栓不受剪力，以防止接头螺栓拉弯或拉断。

《普速铁路线路修理规则》规定，普通线路预留轨缝值可通过式（1-1）计算。

$$a_0 = \alpha \cdot L(t_z - t_0) + \frac{1}{2} a_g \tag{1-1}$$

式中：a_0——铺设、更换钢轨或调整轨缝时的预留轨缝值（mm）；

α——钢轨的线膨胀系数，α=0.011 8 mm/（m·°C）；

t_0——铺轨或调整轨缝时的轨温（°C）；

a_g——构造轨缝值（mm），对于 38 kg/m、43 kg/m、50 kg/m、60 kg/m、75 kg/m 钢轨考虑一定的安全系数后，规定统一采用 a_g=18 mm；

L——标准轨长度（m）；

t_z——当地的中间轨温（°C），其值为 $t_z = \dfrac{T_{max} + T_{min}}{2}$（$T_{max}$、$T_{min}$ 分别为当地历史最高和最低轨温）。

注：（1）对于 25 m 长的钢轨铺设在年轨温差大于 100 °C 的地区时，应单独设计。

（2）最高、最低轨温差不大于 85 °C 地区，按式（1-1）计算后可根据具体情况将轨缝值减小 1~2 mm。

12.5 m 钢轨地段，更换钢轨或调整轨缝时的轨温不受限制。25 m 钢轨地段，更换钢轨或调整轨缝时的轨温限制范围为（t_z-30 °C）~（t_z+30 °C）；最高、最低轨温差不大于 85 °C 地区，如将轨缝值减小 1~2 mm，轨温限制范围相应地降低 3~7 °C。特殊情况下，在轨温限制范围以外更换的 25 m 钢轨，必须在轨温限制范围以内时调整轨缝，使其符合式规定的要求。

轨缝应设置均匀，每千米线路轨缝总误差为：25 m 钢轨地段不得大于 80 mm；12.5 m 钢轨地段不得大于 160 mm。绝缘接头轨缝不得小于 6 mm。最大轨缝不得大于构造轨缝。

如存在以下条件应调整轨缝：

（1）原设置的轨缝不符合每千米线路轨缝总误差的规定。

（2）轨缝严重不均匀。

（3）线路爬行量超过 20 mm。

（4）轨温在《普速铁路修理规则》规定的更换钢轨或调整轨缝轨温限制范围以内时，出现连续 3 个及以上瞎缝或轨缝大于构造轨缝。

知识点测试：有砟轨道 1

（二）中间联结零件（扣件）

中间联结零件连接钢轨和轨枕，它应具有足够的扣压力，将钢轨固定在轨枕的稳定位置，保持正确的轨距；具有足够的阻力，阻止钢轨的纵、横向移动，尤其是无缝线路；具有绝缘性能（混凝土枕与钢枕线路上）；具有足够的强度、耐久性；具有一定的弹性，能起到缓冲减振作用；还应具备零件少，便于装卸、维修等特点；必要时具有调节轨距和轨面高度的能力。扣件类型不同，使用范围也不同，只有根据不同轨道类型合理选用不同类型的扣件，才能充分发挥扣件的性能，达到经济合理的目的。

扣件类型按所使用的轨枕类型分为木枕扣件、钢筋混凝土枕扣件和用于各种类型无砟轨道的高速铁路轨道扣件等，这里主要介绍有砟轨道混凝土枕扣件。

视频：混凝土枕扣件

有砟轨道混凝土枕扣件，按钢轨与轨枕联结形式可分为不分开式、半分开式和分开式三种形式；按轨枕上有无挡肩可分为有挡肩（挡肩承受并传递水平力）扣件和无挡肩（靠扣件承受和传递水平力）扣件；按扣件的弹性性能可分为全弹性扣件（垂直和水平方向都有一定的弹性）、半弹性扣件（仅垂直向有弹性）和刚性扣件。

我国铁路扣件经历了扣板扣件—拱形弹片式扣件—Ⅰ型弹条扣件—Ⅱ型弹条扣件—Ⅲ型弹条扣件的发展阶段。随着铁路运量和速度的提高，扣板扣件和拱形弹片式扣件已不能满足使用要求，正被逐渐淘汰。

1. 弹条Ⅰ型扣件

弹条Ⅰ型扣件如图 1-1-10 所示，主要由 ω 形弹条、螺旋道钉、轨距挡板、挡板座及弹性橡胶垫板组成。因为弹条形状像"ω"，所以又称为 ω 扣件。

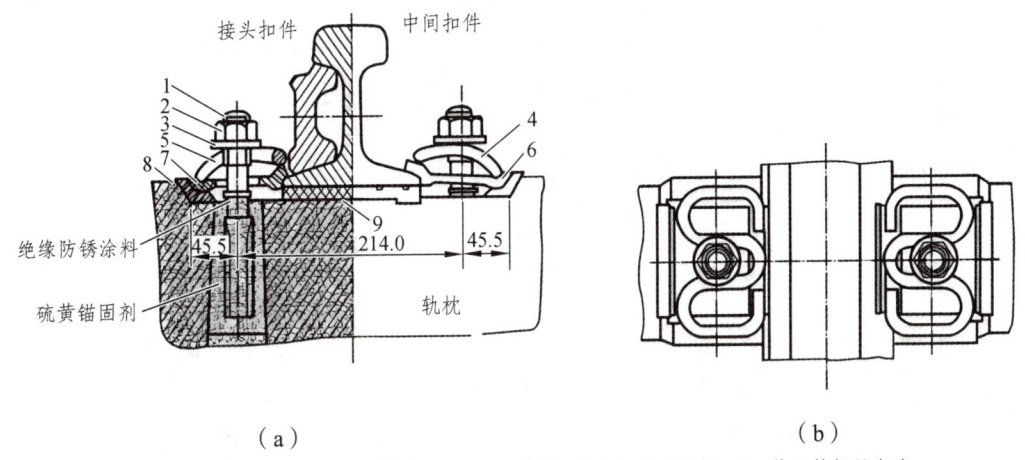

1—螺纹道钉；2—螺母；3—平垫圈；4、5—ω 弹条；6、7—轨距挡板；8—轨距挡板尼龙座。

图 1-1-10　弹条Ⅰ型扣件组装图（单位：mm）

轨距挡板的作用是用来调整轨距并传递钢轨的横向水平力。轨距挡板中间有长圆孔，其大小是一定的，但孔中心位置有两种，相应就有两个号码。50 kg/m、60 kg/m 钢轨各有两个号码，分别为 6、10 和 14、20。挡板座用来支撑轨距挡板，传递横向水平力，起电绝缘作用。挡板座两斜面的厚度不同，可调换使用，也可起到调轨距的作用。

2. 弹条Ⅱ型扣件

针对弹条Ⅰ型扣件的不足，我国又开发了Ⅱ型弹条扣件，如图 1-1-11 所示。弹条Ⅱ型扣件除弹条采用新材料（优质弹簧钢 60Si2CrVA）重新设计外，其余部件与弹条Ⅰ型扣件通用。扣件仍是有挡肩、有螺栓的扣件。扣压力大于或等于 10 kN，弹条Ⅱ型扣件具有扣压力大、强度安全储备大、残余变形小等优点，适用Ⅱ、Ⅲ型混凝土枕的 60 kg/m 钢轨线路。弹条Ⅱ型扣件挡板座和轨距挡板同Ⅰ型弹条扣件，接头和中间扣件通用。

3. 弹条Ⅲ型扣件

弹条Ⅲ型扣件是无螺栓、无挡肩的弹性扣件，由弹条、预埋铁座、绝缘轨距块和橡胶垫板组成，如图 1-1-12 所示。弹条Ⅲ型扣件一端套入预埋在轨枕中的铁座上（铸铁挡肩），另一端通过绝缘轨距块扣压在钢轨轨底顶面。目前我国的秦沈铁路客运专线、提速线路的一些区段、道岔以及一些轻轨线路大量使用弹条了Ⅲ型扣件。

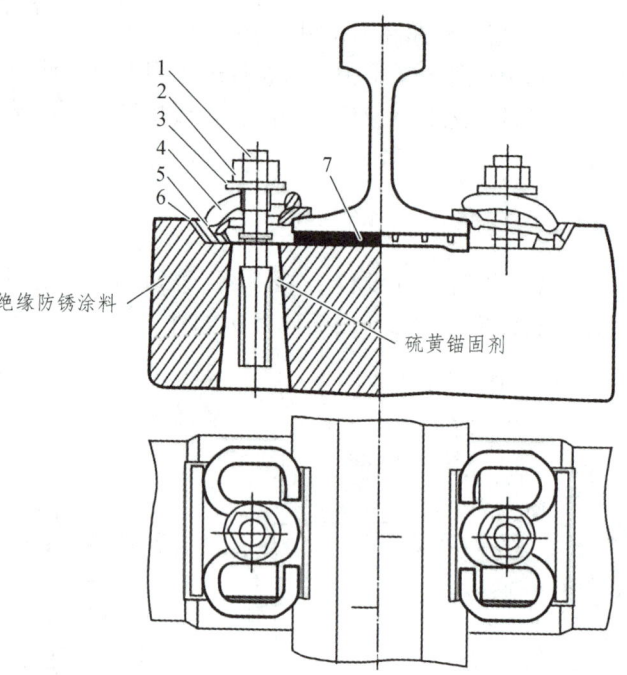

1—螺纹道钉；2—螺母；3—平垫圈；4—ω弹条；5—轨距挡板；6—挡板座；7—橡胶垫板。

图1-1-11　弹条Ⅱ型扣件组装图（单位：mm）

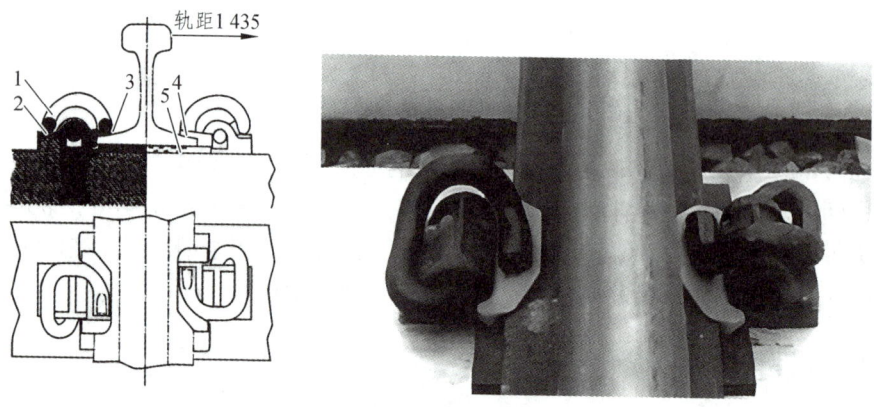

1—弹条；2—预埋铁座；3、4—绝缘轨距块；5—橡胶垫板。

图1-1-12　弹条Ⅲ型扣件组装图（单位：mm）

弹条Ⅲ型扣件的扣压力大（不小于 11 kN）、弹性好、保持轨距能力强，由于取消了螺栓联结的方式，易于更换，养护维修工作量小。弹条Ⅲ型扣件特别适用于高速、重载和高密度的铁路运输条件。弹条Ⅲ型扣件轨距调整范围为-8～4 mm，轨面调高量为0。

知识点四　道　床

1. 有砟轨道道床的功能

道床是轨道框架的基础，它的功用是：

（1）传递由钢轨、轨枕传来的机车车辆动荷载，使之均匀地分布在路基基床面上，且不超过路基基床面的允许应力。

（2）提供抵挡轨道框架纵、横向位移的阻力，保护轨道稳定和保持正确的几何形位，保证行车安全。

（3）提供良好的排水能力，使基床面干燥，起到提高路基承载能力，减轻翻浆冒泥及冻害等病害的影响。

视频：有砟轨道道床

（4）提供轨道所需要的弹性，减缓和吸收轮轨的冲击和振动。

（5）提供调节轨道框架水平和方向的能力，保持良好的线路平纵断面，为轨道几何尺寸超限的维修保养提供便利条件。

2. 道床材料

由于道床应具有上述功能，因此用于道床的道砟应具有质地坚硬，有弹性，不易压碎和捣碎，排水性能好，吸水性能差，不易风化和被风吹动或被水冲走等特点。

道砟材料有碎石（花岗岩、大理石、石矿岩）、筛选级配卵石、天然级配卵石、中砂和粗砂以及熔炉矿等。我国新建和改建的线路道床绝大部分采用碎石道砟，按现行《铁路碎石道砟》（TB/A 2140—2008）和《铁路碎石道床底碴》（TB/T 2897—1998）的规定进行选取。我国铁路的道砟分为面砟和底砟。

3. 道床横断面

道床横断面包括顶面宽度、道床厚度和道床边坡坡度三个主要特征，如图 1-1-13 所示。

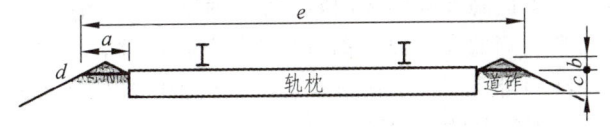

a—肩宽；b—堆高；c—埋深；d—边坡；e—道床顶面宽度。

图 1-1-13　直线地段道床横断面

道床顶面宽度是指轨枕长度加上两侧道床宽的总和，道床顶面宽度取决于轨枕长度和轨道类型。其伸出轨枕端的部分称为道床肩宽，无缝线路钢轨内部存在一定的温度力，道床肩宽对无缝线路轨道框架的横向稳定起着重要的作用。道床肩宽是影响道床横向阻力和无缝线路稳定性的主要因素，其所能提供的道床横向阻力约占总阻力的1/3。

道床边坡坡度是指道床两侧坡面与路基面之间形成的坡度，从横断面图上看，道床边坡是指道床顶面引向路基顶面的斜边斜率。为了保持道床结构在列车循环振动下的稳定性，减少养护维修工作量，道床及堆高道砟需要有适当的边坡坡度。根据我国铁路长期运营经验和目前养护条件，正线上的道床边坡均规定为 1∶1.75，以保持道床的稳定状态。

直线地段道床厚度是指钢轨断面处轨枕底面至基床顶面的距离；曲线地段是指曲线里股钢轨中轴线下轨枕底面至下部基床顶面的距离。道床应有足够的厚度，使由钢轨、轨枕传下来的车轮压力经道床的扩散而大大减小，以使在列车重复荷载作用下所产生的道床下沉，道砟和路基面应力均不超过容许值，以延缓轨道永久变形。所以在确定道床厚度时，必须考虑机车车辆荷载的大小，钢轨、轨枕类型，轨枕间距，道砟粒径及级配，以及路基面的容承载能力。

4. 道床变形

道床变形是轨道变形的主要因素，轨道变形是轨道破坏的主要原因。轨道变形分为永久变形和弹性变形。一定的弹性变形能起到缓冲列车对轨道的动力的作用。永久变形是随列车荷载的重复次数增加而逐渐积累的变形，不均匀的永久变形会引起轨道的不平顺，增加轨道列车的动力作用，尤其是高速行车时。轨道变形的主要表现是道床的永久变形，即道床下沉，占轨道总下沉的90%以上。

知识点五　轨道加强设备

1. 防爬设备

列车运行时，车轮作用在钢轨上，产生一个纵向水平力，这一纵向力能引起钢轨的纵向移动，有时还带动轨枕一起移动，这种现象称为轨道爬行。

知识点测试：
有砟轨道2

钢轨在行驶车轮下发生的波浪形挠曲，以及列车运行的阻力、列车制动、车轮在钢轨接头处的撞击和钢轨的温度变化等是线路爬行的主要原因。一般情况下，钢轨沿着列车运行方向爬行；扣压力不足时，钢轨沿着轨枕顶面爬行；扣件阻力大，钢轨和轨枕组成的框架沿着道床顶面爬行。线路爬行可破坏线路的稳定，是线路发生病害的主要原因之一。

要防止线路爬行，必须提高线路的纵向阻力。一是提高扣件阻力，采用强有力的中间联结零件，以增强钢轨与夹板间的摩擦以及钢轨与垫板间的摩擦，使钢轨不能在垫板上移动。二是加强道床阻力，使线路处于稳定状态。在爬行力较大的地段，单靠加强钢轨与轨枕之间的联结是不够的，必须加设特制的防爬设备，以锁定线路。

防爬设备包括防爬器和防爬支撑。

防爬器有弹簧防爬器和穿销式防爬器两种。我国广泛使用的是穿销式防爬器，如图1-1-14所示。它由带挡板的轨卡及穿销组成，轨卡的一边紧密卡住轨底，另一边用楔形穿销将相应轨底间的空隙楔紧，使之牢固卡住轨底，而挡板与轨枕之间须设置承力板，起到抗爬的作用。

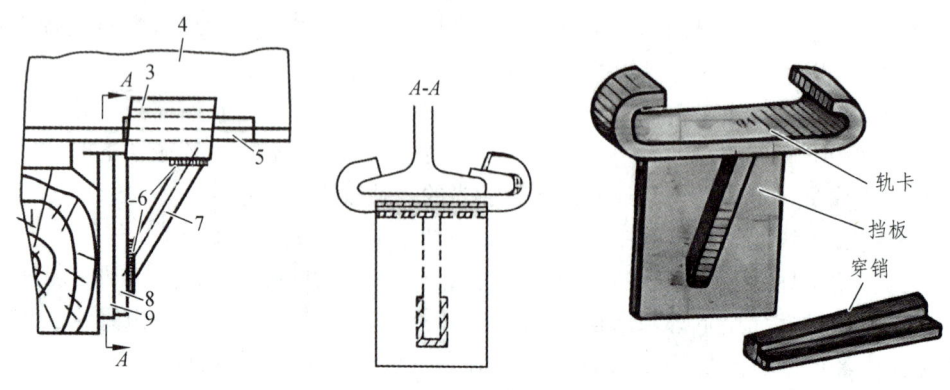

图1-1-14　穿销式防爬器

为了充分发挥道床的防爬阻力作用，往往在轨枕之间设置若干个支撑块与防爬器，共同抵抗轨道的爬行，这些支撑块就是防爬撑。为使两股钢轨上的防爬阻力相等，防爬器要成对安装。在碎石道床地段，每组防爬器的组成：单方向锁定为一对穿销式防爬器和两对支撑（连接四根轨枕）；双方向锁定为两对穿销式防爬器和两对支撑（连接四根轨枕）。

2. 曲线加强设备

列车通过曲线地段，尤其是小半径曲线地段时，因横向水平力作用会导致轨距扩大，轨道框架横移，平面位置歪曲，轨枕挡肩损坏，养护维修工作量增加。因此必须对小半径曲线地段予以加强，有效的加强办法有：

（1）增加轨枕配置数量，提高轨道框架横向稳定性。$R \leqslant 800$ m 的曲线，采用Ⅱ型混凝土枕，每千米应增加轨枕 80 根；采用Ⅲ型混凝土枕，不需要增加轨枕。

（2）安装轨撑或轨距杆，提高轨道结构的稳定性，防止轨距扩大，保障行车安全，延长设备使用寿命，减少养护维修工作量，如图 1-1-15 所示。

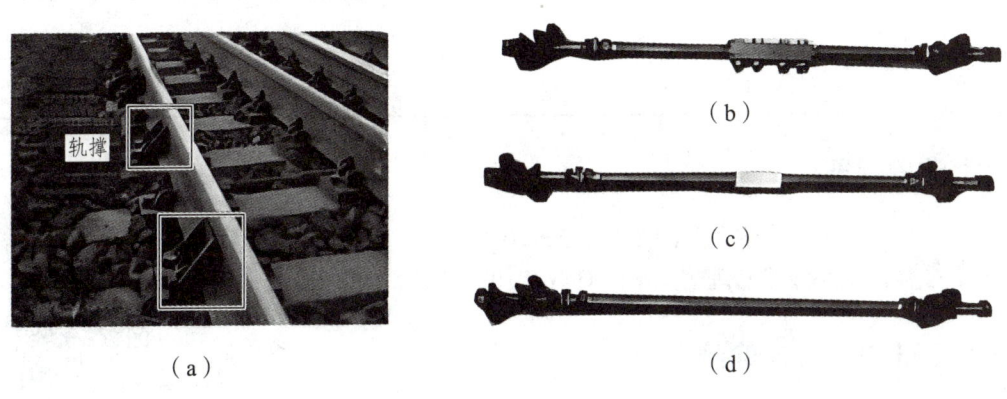

图 1-1-15 轨撑、轨距杆

轨撑安装在钢轨外侧以顶住轨下颚和轨腰，防止钢轨外倾。在大多数道岔尖轨部位、基本轨外侧也安装轨撑，以提高钢轨的横向刚度。

轨距杆是一端扣在外轨轨底，另一端扣住内轨轨底的拉杆。轨距杆可以防止钢轨位移，保持轨距。有些线路有轨道电路，轨距杆当中用绝缘零件隔开，如图 1-1-15（b）（c）所示的拉杆。有些线路没有轨道电路，故无须拉杆中间绝缘，如图 1-1-15（d）所示的拉杆。实践证明，轨撑、轨距拉杆都是有效防止轨距扩大、车轮脱轨的重要手段。

【技能实训】

有砟轨道是指采用碎石等散粒体及轨枕为轨下基础的轨道结构，一般由钢轨、轨枕、联结零件、道床、轨道加强设备和道岔组成。根据所学的有砟轨道基本构造的知识，在轨道实训场地找到相应的轨道结构，观察有砟轨道构造的类型和特点，并按照表 1-1-2 进行记录。

表 1-1-2　有砟轨道的基本构造认知实训

编号	名称	构造类型、特点	备注
1	钢轨		
2	轨枕		
3	钢轨接头联结零件		
4	中间联结零件（扣件）		
5	道床		
6	加强设备		

【参考规范】

1.《铁路轨道设计规范》（TB 10082—2017）。
2.《普速铁路线路修理规则》（TG/GW 102—2019）。

【BIM 技术应用实战】

视频：创建 60 轨和夹板模型

一、任务要求

采用 Revit 建模软件创建有砟轨道模型，首先需要确定创建的构件类型，以及相应的尺寸、材质及相互位置。有砟轨道模型主要包括轨枕、钢轨和夹板三部分。

二、技术操作

（一）创建 60 轨和夹板模型

（1）通过 CAD 软件，结合尺寸图纸，绘制 60 轨和夹板的断面结构图，如图 1-1-16 和图 1-1-17 所示。
（2）新建族，选择公制常规模型进行绘制。
（3）在族中前立面载入绘制的 60 轨 CAD 图，如图 1-1-18 所示。
（4）通过拉伸命令拾取线条绘制 60 轨模型，拉伸长度为 12.5 m，如图 1-1-19、图 1-1-20 所示。

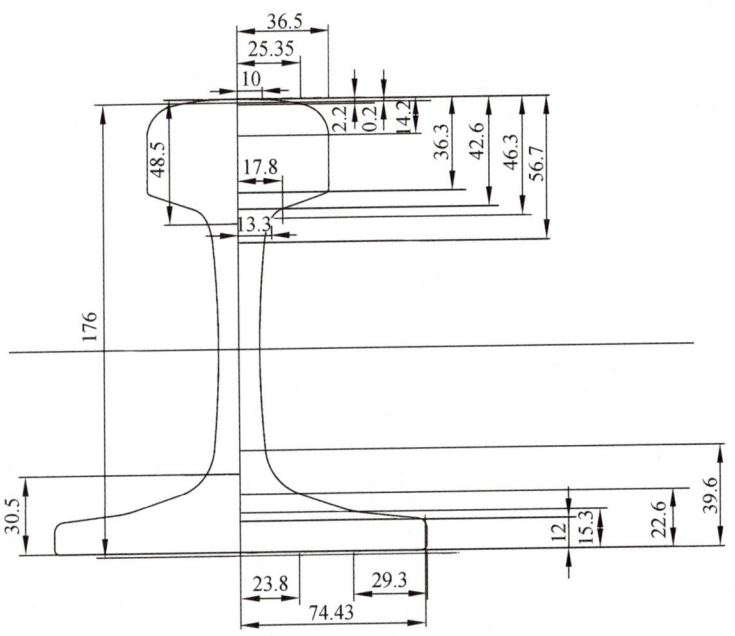

图 1-1-16　钢轨尺寸

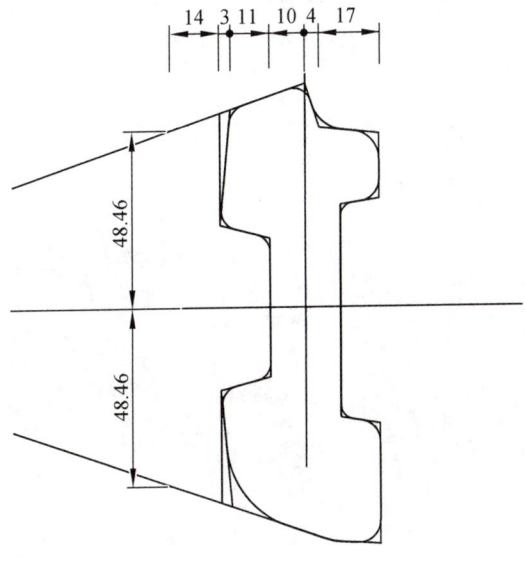

图 1-1-17　夹板尺寸

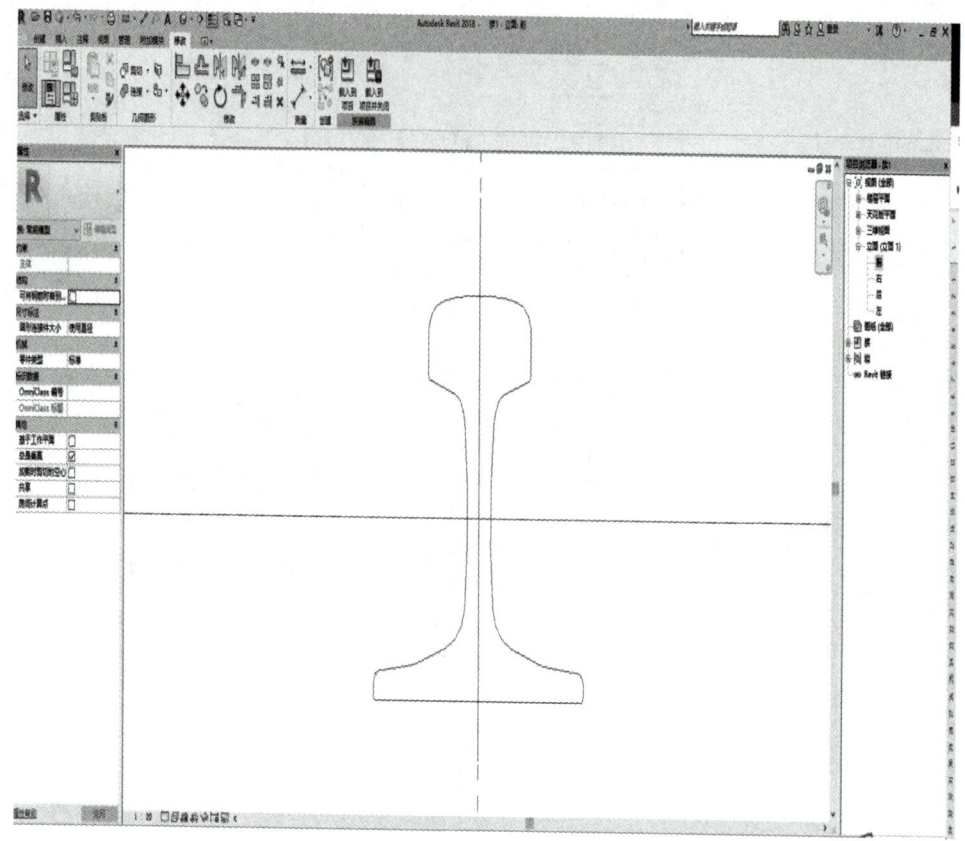

图 1-1-18　钢轨绘制

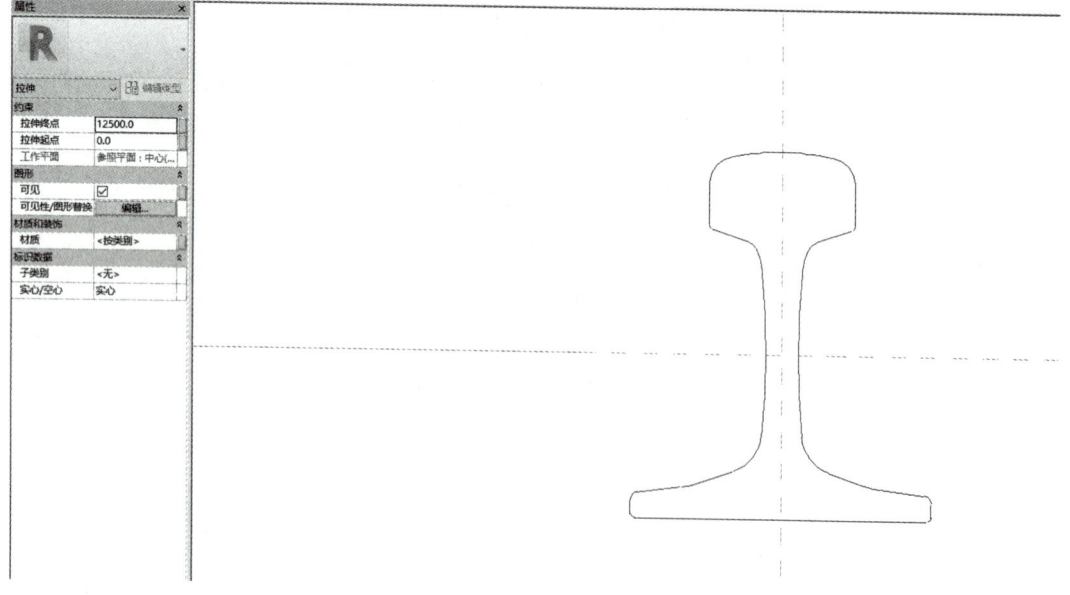

图 1-1-19　钢轨绘制参数设置

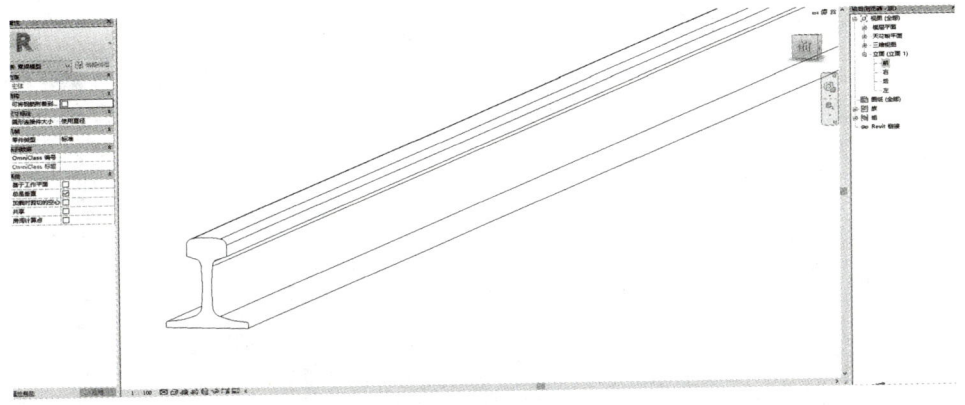

图 1-1-20　钢轨三维模型

（5）在前立面载入绘制的夹板 CAD 图，如图 1-1-21 所示。

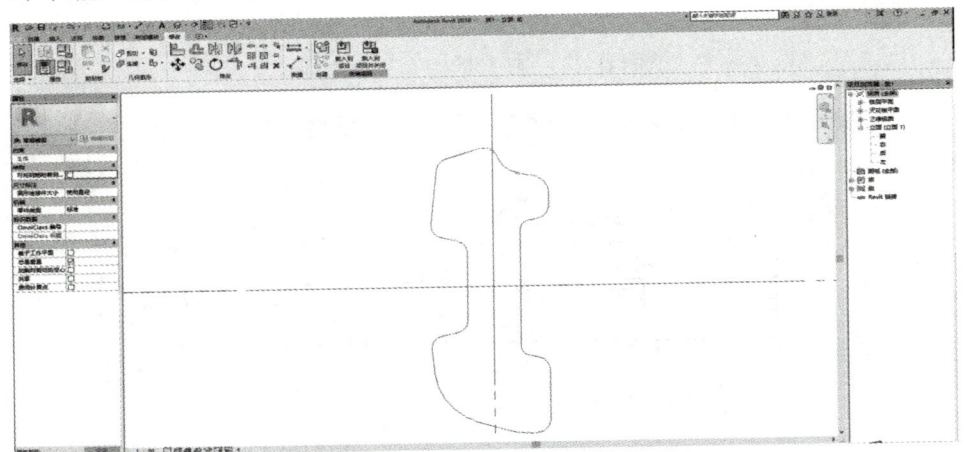

图 1-1-21　左夹板绘制图

（6）通过拉伸命令拾取线条绘制夹板模型，拉伸长度为 820 mm，如图 1-1-22 所示。

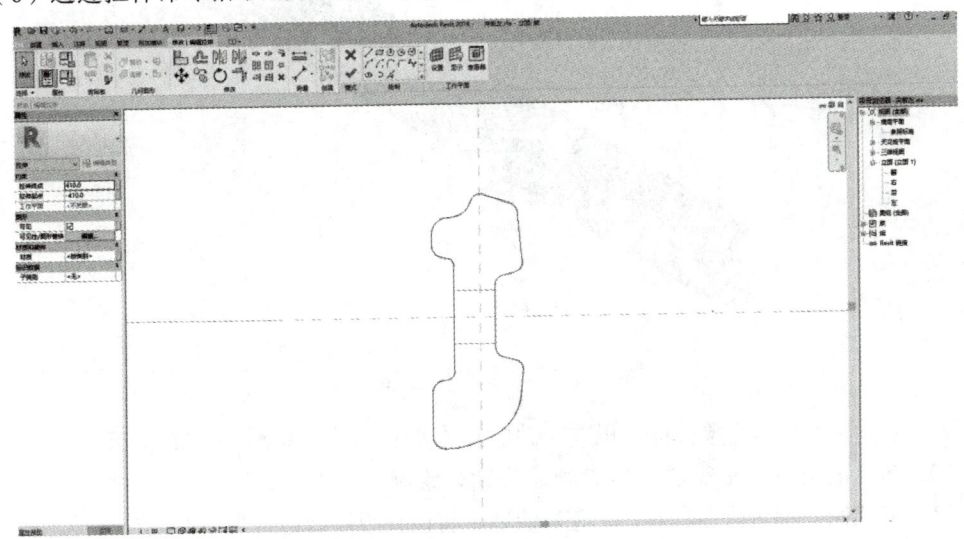

图 1-1-22　左夹板绘制参数设置

（7）进入右立面，依据图 1-1-23 所示尺寸，绘制夹板空心形状。

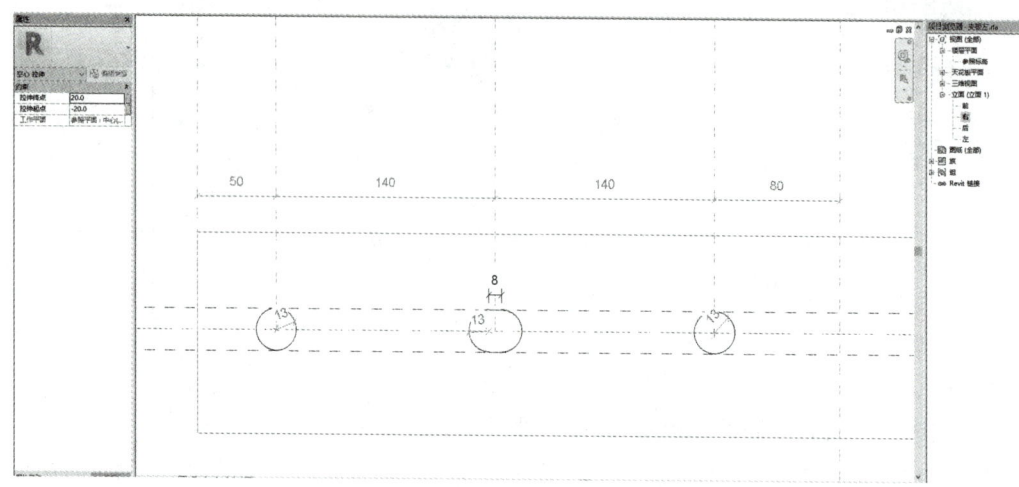

图 1-1-23　左夹板挖孔形状绘制

（8）对绘制图形进行左右对称，完成绘制，将该夹板模型命名为"夹板左"，如图 1-1-24、图 1-1-25 所示。

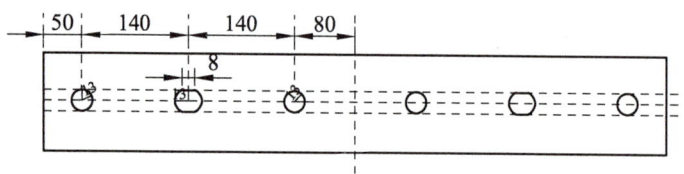

图 1-1-24　左夹板挖孔尺寸参数设置

图 1-1-25　左夹板三维模型

（9）进入前立面，镜像对称夹板左，并删除原空心形状，如图 1-1-26 所示。

（10）进入右立面，依据图 1-1-27 所示尺寸，绘制新夹板空心形状。

（11）对绘制图形进行左右对称，完成绘制，将该夹板模型命名为"夹板右"，如图 1-1-28、图 1-1-29 所示。

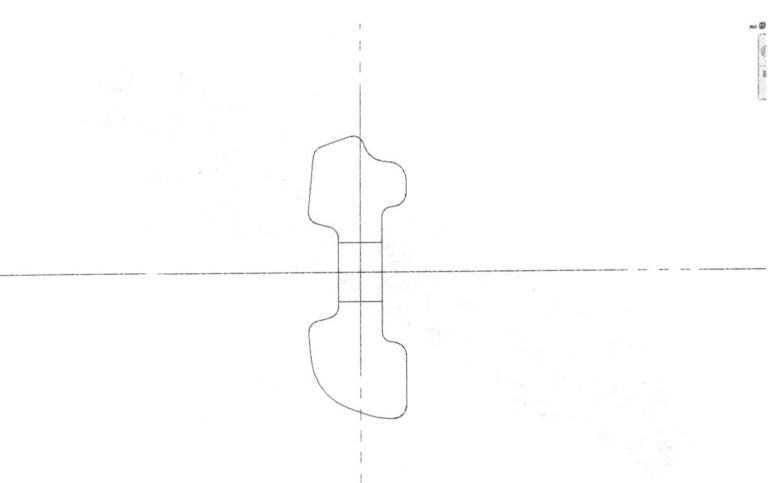

图 1-1-26　右夹板三维示意图

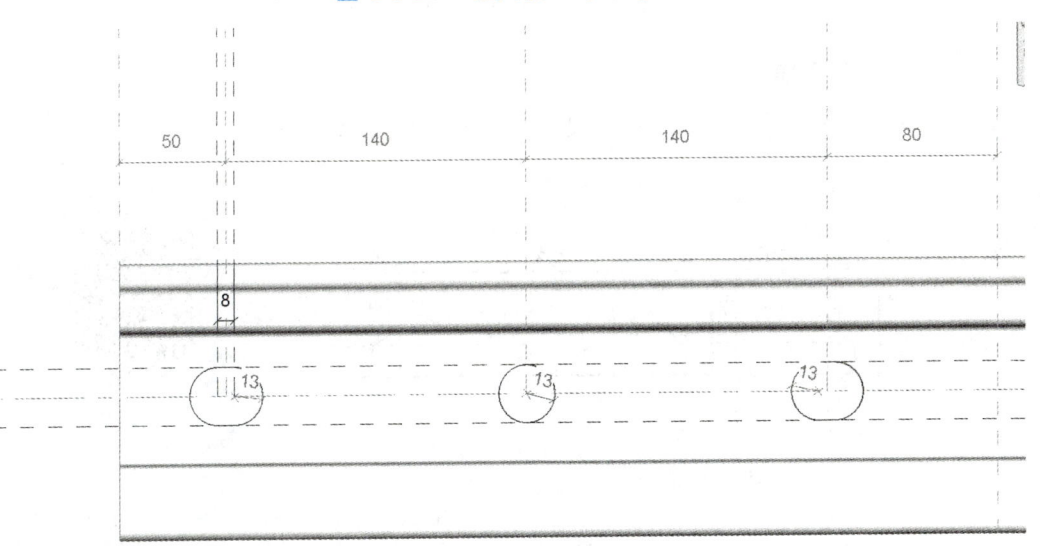

图 1-1-27　右夹板挖孔尺寸参数设置 1

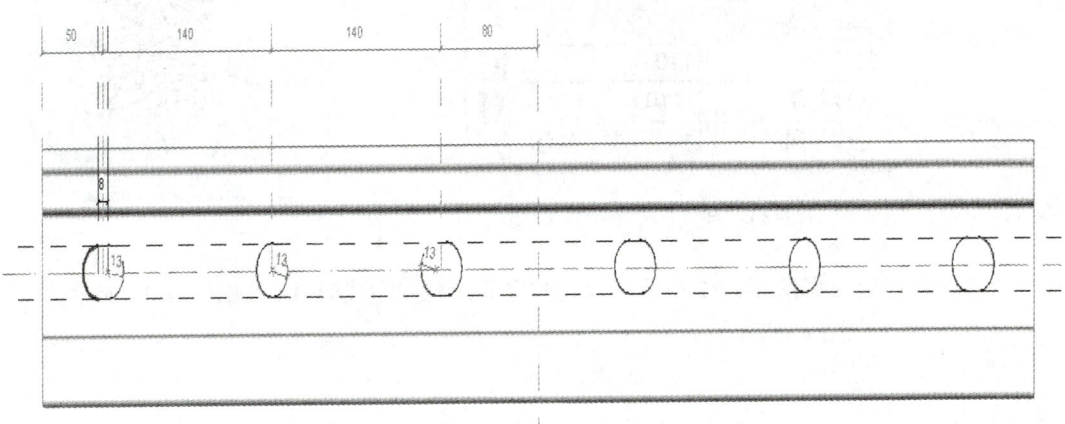

图 1-1-28　右夹板挖孔尺寸参数设置 2

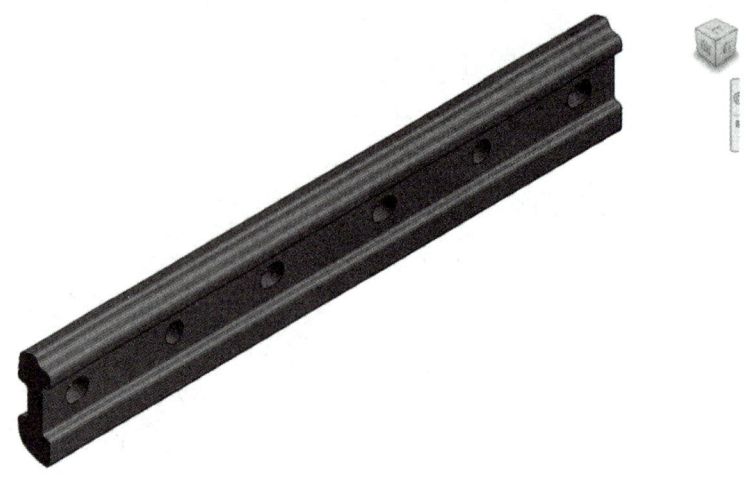

图 1-1-29　右夹板三维模型

（二）创建轨枕模型

（1）根据图 1-1-30、图 1-1-31 所示尺寸，在前立面绘制轨枕轮廓。

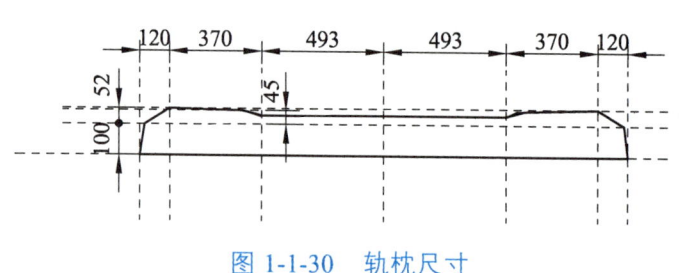

图 1-1-30　轨枕尺寸

视频：创建轨枕模型

视频：构建有砟轨道

图 1-1-31　轨枕三维参数设置

（2）在右立面根据图 1-1-32 所示尺寸绘制空心形状，生成轨枕，如图 1-1-33 所示。

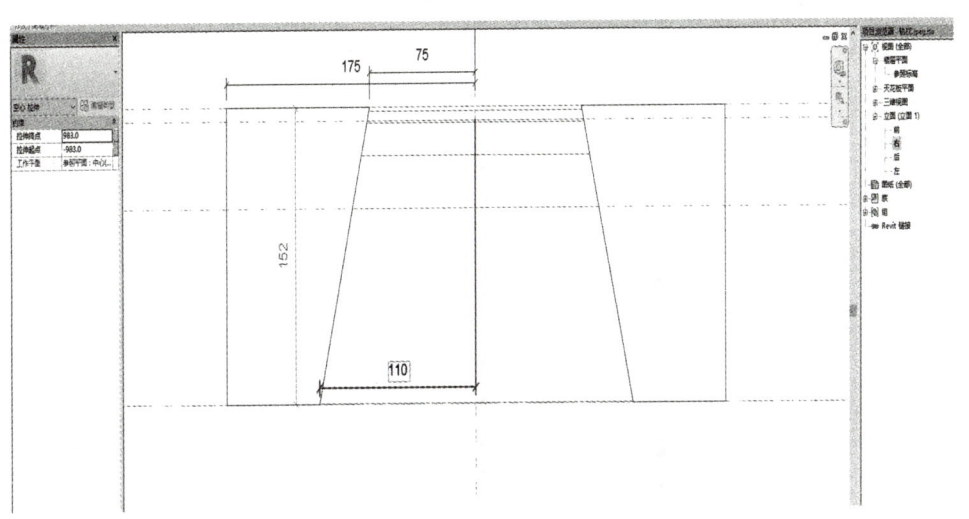

图 1-1-32　轨枕空心形状设置

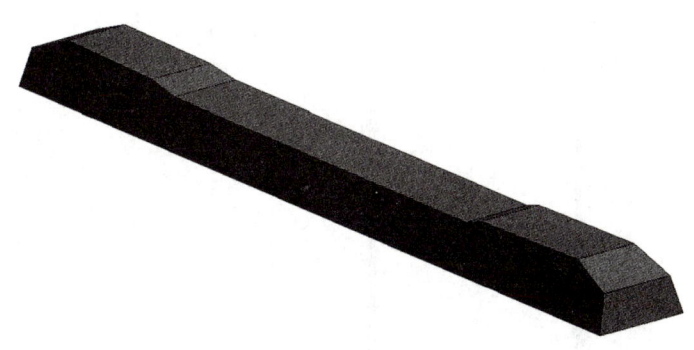

图 1-1-33　轨枕三维模型

（三）组合构件图

（1）将轨枕、夹板、钢轨载入新建族中，在楼层平面-参照标高视图绘制对称参照平面，间距 1 435 mm，如图 1-1-34 所示。

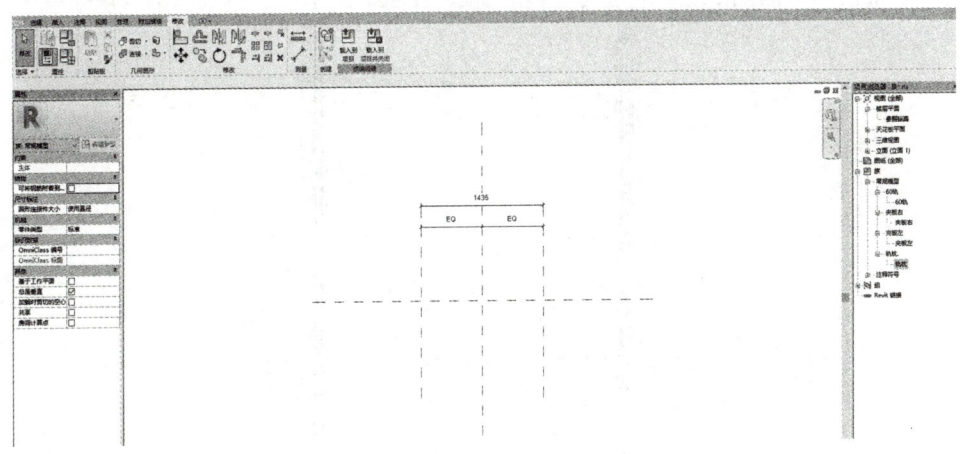

图 1-1-34　参照平面设置

（2）在楼层平面-参照标高视图沿两条参照平面载入60轨，如图1-1-35所示。

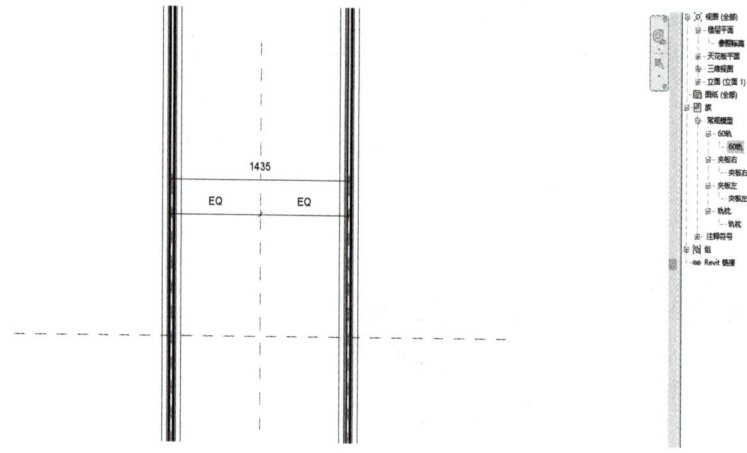

图1-1-35　钢轨放置

（3）在楼层平面-参照标高视图沿钢轨下部断面绘制一个向上偏移270 mm的参照平面，并沿参照平面居中载入轨枕，如图1-1-36所示。

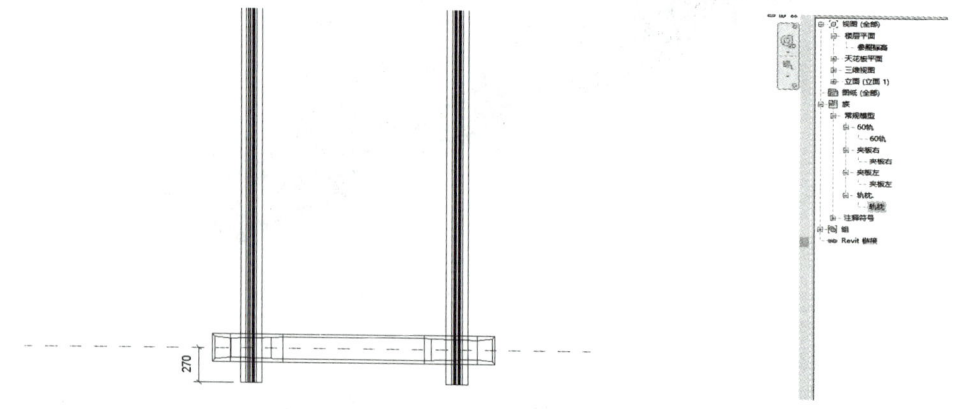

图1-1-36　轨枕放置1

（4）将轨枕向上间隔587 mm进行复制，如图1-1-37所示。

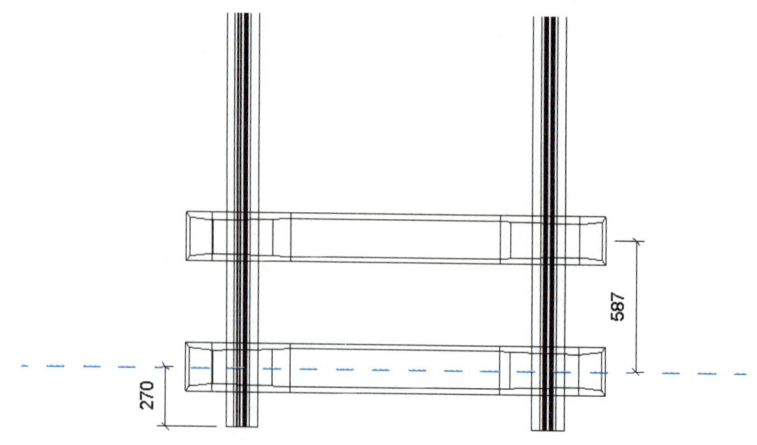

图1-1-37　轨枕放置2

（5）将复制钢轨进行阵列，阵列个数为 18，阵列间距 635 mm。具体见图 1-1-38。

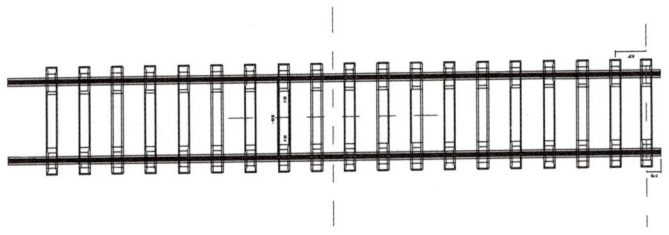

图 1-1-38　轨枕放置 3

（6）将阵列的最后一个轨枕进行向上复制，间距 587 mm，如图 1-1-39 所示。

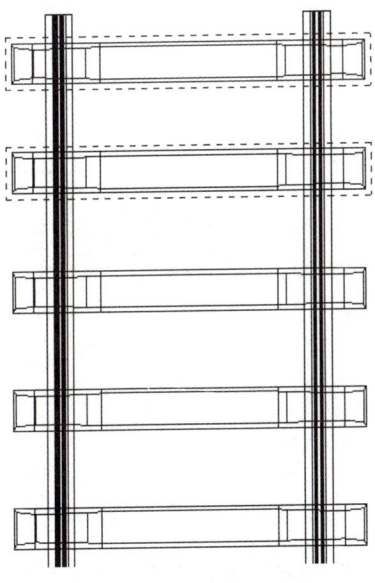

图 1-1-39　轨枕放置 4

（7）载入夹板左、夹板右，居中放置在左轨侧，如图 1-1-40 所示。

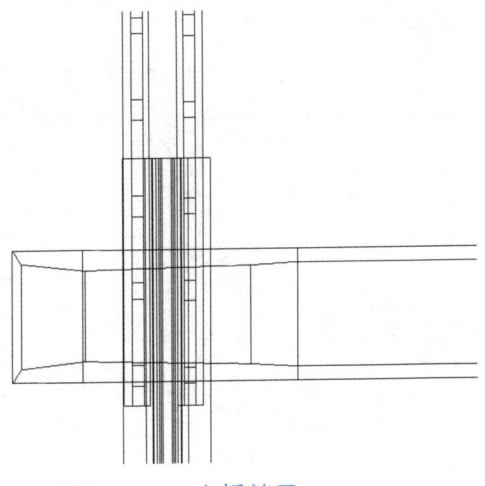

图 1-1-40　夹板放置

（8）转至前立面，移动钢轨，使钢轨铺落在轨枕之上，如图 1-1-41 所示。

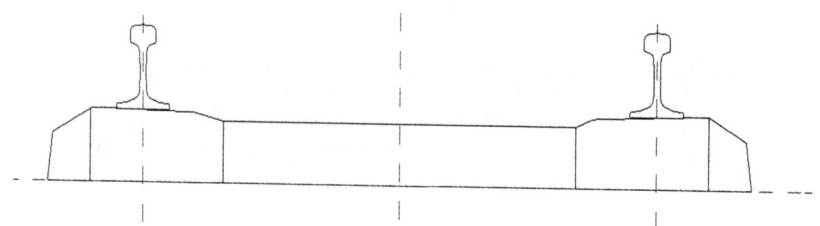

图 1-1-41　钢轨拼装

（9）移动左右夹板，使其与轨枕相对，如图 1-1-42 所示。

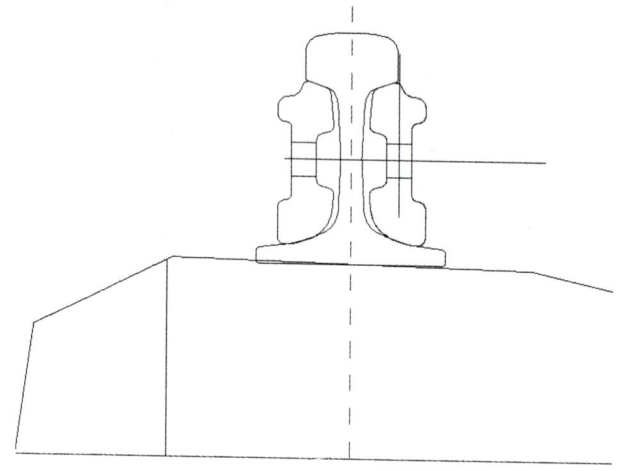

图 1-1-42　夹板拼装

（10）对称复制左右夹板，使其放置于右侧钢轨上，如图 1-1-43 所示。

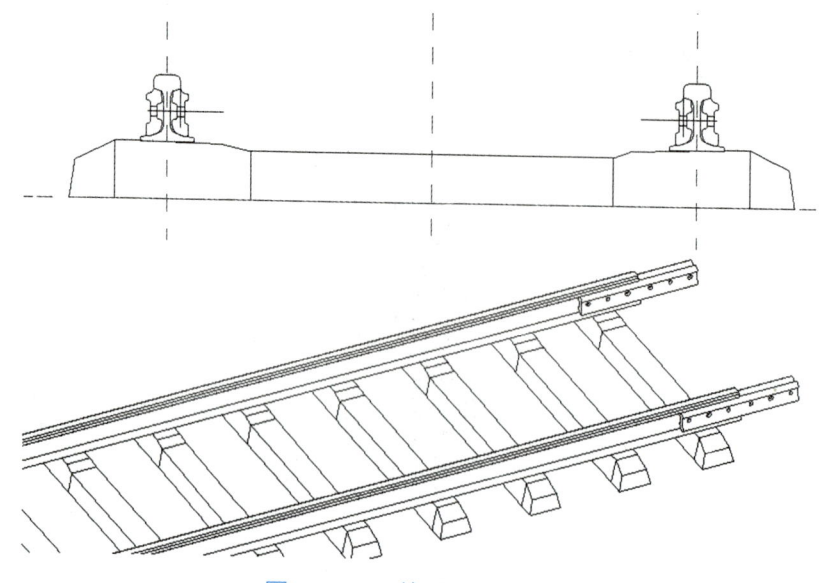

图 1-1-43　轨道三维模型 1

（11）转至楼层平面-参照标高，选中钢轨、轨枕模型，进行复制。完成有砟轨道模型创建，如图 1-1-44 所示。

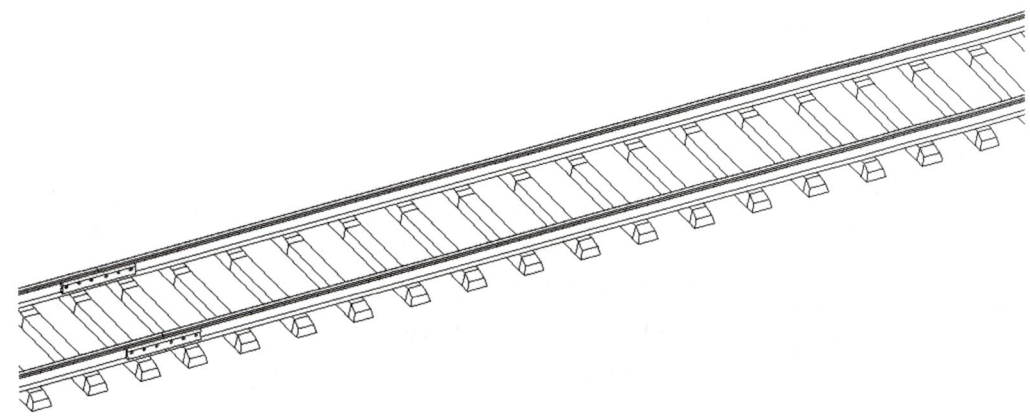

图 1-1-44　轨道三维模型 2

【任务评价】

学习效果 （10 分）	团队协作 （10 分）	匠人精神 （10 分）

学习点评：

任务二　轨道几何形位的测量

任务目标

知识目标	能力目标	素养目标
（1）了解轨道几何形位与轨道养护维修工作的关系； （2）掌握轨道几何形位的组成要素； （3）掌握轨道几何形位的检测方法和步骤	（1）能够掌握轨道几何形位要素及其测量方法和要求； （2）能够对铁路轨道几何形位进行检测，并判断维修状态； （3）能够正确分析检查手册中的数据和超限处所	（1）具有吃苦耐劳、团队协作、不断学习的精神； （2）具有较强的情绪调节、环境适应、信息处理、分析总结和组织能力； （3）具有严格按照相关规范操作的意识

任务知识

轨道几何形位是指轨道各部分的几何形状、相对位置和基本尺寸。直线轨道几何形位的基本要素包括：轨距、水平、方向、前后高低和轨底坡；曲线轨道几何形位的基本要素除以上五项规定之外，还有曲线轨距加宽、曲线外轨超高及缓和曲线三个特殊构造。

轨道几何形位的正确与否，对机车车辆的安全运行、乘客的旅行舒适度、设备的使用寿命，以及养护费用都起着决定性的作用。轨道建设者们必须掌握轨道几何尺寸的基础知识和技能要求，守初心担使命，敢于吃苦、精益求精，将新时代铁路人奋发有为、昂扬向上的精神风貌向全社会传递。

视频：直线轨道的几何形位

轨道几何形位按照静态与动态两种状况进行管理。静态几何形位是轨道不行车时的状态，采用道尺、轨道几何状态检测仪（轨检小车）等工具进行测量。动态几何形位是行车条件下的轨道状态，采用轨道检查车测量。下面仅介绍轨道几何形位的静态作业验收标准，其余可参见《普速铁路线路修理规则》（TG/GW 102—2019）。

1. 轨　距

轨距是钢轨顶面下 16 mm 范围内两股钢轨作用边之间的最小距离，如图 1-2-1 所示。我国铁路和城市轨道交通直线轨道的轨距值均规定为 1 435 mm。

知识点测试：直线轨道的几何形位 1

2. 水　平

水平是线路左右两股钢轨顶面的相对高差。为保持列车平稳运行，并使两股钢轨均匀受力，直线地段上两股钢轨顶面应保持同一水平。

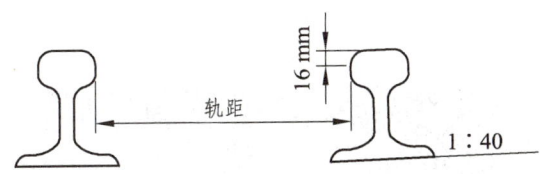

图 1-2-1　轨距、轨底坡

实践中有两种对行车的危害程度均不同的钢轨水平偏差：一种称为水平差，另一种称为三角坑。水平差是指在一段规定的距离内，一股钢轨的顶面始终比另一股高，且高差值超过容许偏差值；三角坑是指在一段规定的距离内，先是左股钢轨高于右股，后是右股高于左股（或相反），高差值超过容许偏差值，而且两个最大水平误差点之间的距离不足 18 m。

在一般情况下，超过允许限值的水平差，只会引起车辆摇晃和两股钢轨的不均匀受力，并导致钢轨不均匀磨耗。但如果在延长不足 18 m 的距离内出现水平差超过 4 mm 的三角坑（图 1-2-2），将使同一转向架的四个车轮中，只有三个正常压紧钢轨，另一个形成减载或悬空。如果恰好在这个车轮上出现较大的横向力，就可能使悬浮的车轮只能以它的轮缘贴紧钢轨，在最不利条件下甚至可能爬上钢轨，引起脱轨事故。因此，一旦发现三角坑必须立即消除。

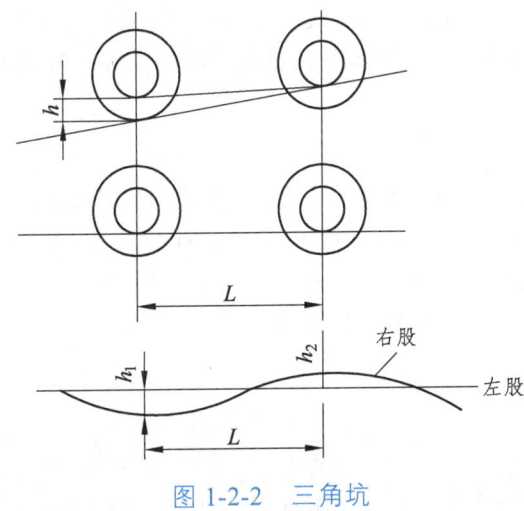

图 1-2-2　三角坑

3. 前后高低

前后高低是轨道沿线路方向的竖向平顺性。就一股钢轨来说，前后高低是指钢轨顶面沿钢轨方向在竖向的凹凸不平顺，如图 1-2-3 所示。

4. 方　向

方向是轨道中心线在水平面上的平顺性。就一股钢轨来说，是指钢轨头部内侧面沿钢轨方向的横向凹凸不平顺。

5. 轨底坡

轨底坡是指钢轨底面与轨枕顶面之间形成的一个横向坡度。钢轨设置轨底坡，可使其轮

知识点测试：直线轨道的几何形位 2

轨接触集中于轨顶中部，提高钢轨的横向稳定性，避免或减小钢轨偏载，减小轨腰的弯曲应力，减轻轨头不均匀磨耗，延长钢轨使用寿命。

图 1-2-3　钢轨不平顺

从理论上讲，轨底坡的大小应与车轮踏面的斜度相同，即 1∶20。在 1965 年以前，我国铁路轨底坡斜度定为 1∶20。但在机车车辆的动力作用下，轨道发生弹性挤开的现象，轨枕产生挠曲和弹性压缩，加上垫板与轨枕不密贴，道钉的扣压力不足等因素，实际轨底坡与原设计轨底坡有较大的出入。另外车轮踏面经过一段时间的磨耗后，原来的 1∶20 的斜度逐渐接近 1∶40 坡度。所以 1965 年以后，我国铁路的轨底坡斜度统一改为 1∶40。

【技能实训】

直线轨道线路检查是线路工的重点工作之一，铁路部门应根据《普速铁路线路修理规则》（TG/GW 102—2019）明确工务段、车间或工区的检查时间、数量、内容和要求，有计划地对线路设备进行月度周期性检查和重点病害检查等。轨道几何形位是线路检查的重点工作内容，以仪器检查为主，人工主要进行轨道结构检查。

一、测量方法

1. 轨　距

轨距可以用道尺、轨检小车等测量，如图 1-2-4 所示。轨距容许偏差值与线路设计行车速度和维修作业性质有关，有砟轨道的精度要求比无砟轨道低一些。测量轨距时，道尺（轨距尺）必须置于与钢轨垂直的位置，应把轨距尺固定端紧靠一股钢轨内侧的一点上，另一端进行少量的前后移动，记取最小的读数。

2. 水　平

水平用道尺或其他工具测量。线路维修时，两股钢轨顶面水平误差不得超过规定值。并且沿线路方向的变化率不可太大，否则即使两股钢轨的水平偏差不超过允许范围，也可能引起机车车辆的剧烈摇晃。测量水平时，首先要确定好基准股，直线以计算公里方向的左股为基准股，曲线以内股为基准股。要注意曲线头尾处要有一定长度的过渡段，不能因为基准股的不同而形成人为的三角坑。测量水平和超高时，手应该离开轨距尺握把，以便于取得正确的读数。

图 1-2-4　道尺

3. 前后高低

线路应该保持轨面平顺，存在高低误差会引起列车的垂直颠簸。新铺或经过大修后的线路，即使其轨面开始是平顺的，但是经过一段时间列车运行后，由于路基沉陷、道床捣固密实程度、扣件松紧、枕木腐朽和钢轨磨耗的不一致性，也会产生不均匀下沉，造成轨面前后高低不平，这种不平顺称为静态不平顺。有些地段，从表面上看轨面是平顺的，但实际上轨底与铁垫板或轨枕之间存在间隙（间隙超过 2 mm 时称为吊板），或轨枕底与道砟之间存在空隙（间超过 2 mm 时称为空板或暗坑），或轨道基础的弹性不均匀（路基填筑的不均匀，道床弹性的不均匀等），当列车通过时，这些地段的轨道下沉不一致，也会产生不平顺，这种不平顺称为动态不平顺。检查前后高低，应先俯身目视找出轨面不良处所，然后用 10 m 弦线量测轨面的最大矢度值，不能大于规定值。考虑到弦线的挠度，检查凹陷部位时可加 1 mm，检查凸起部位时可减 1 mm，日常检查可采取目视凭经验估算的方法。

4. 方　向

按照行车的平稳与安全要求，线路的方向要做到直线笔直、曲线圆顺。测量直线方向时，首先跨一股钢轨目视前方，找出方向不良的位置，在该处的前后将 10 m 弦紧靠钢轨头部的内侧或外侧，拉紧弦线，用钢板尺在弦线范围内量出内侧或外侧最大矢距，即为该处的方向误差。日常检查也可采取目视凭经验估算的方法。

5. 轨底坡

轨底坡设置是否正确，可根据钢轨顶面上由车轮碾磨形成的光带位置来判定。如光带偏轨顶中心向内，说明轨底坡不足；如光带偏离轨顶中心向外，说明轨底坡过大；如光带居中说明轨底坡合适。线路养护工作中，可根据光带位置调整轨底坡的大小。

二、仪器设备

（1）道尺（轨距尺）：由尺身、标度尺及尺身上的游框组成。
（2）弦线。
（3）钢尺等。

三、试验步骤

1. 看

看方向、高低。每根长 25 m 的钢轨，一般 2 根钢轨看 1 次，在二分之一处（俗称大腰）看轨面，一人负责点撬，画出高低或轨向的撬头撬尾。遇来车时观察机车和车辆的运行情况，远看机车、车辆的晃车程度，近看轨枕空吊板的量值，针对晃车情况查找原因。

2. 量

测量轨距、水平（包括三角坑）、轨距变化率、高低、方向。每节长 12.5 m 钢轨的线路检查 2 处，分别为接头和二分之一轨长处（俗称大腰）；每节长 25 m 钢轨的线路检查 4 处，分别为接头、四分之一轨长（俗称小腰）、二分之一轨长（俗称大腰）和四分之三轨长（俗称小腰）；对于非标准轨，视具体情况而定，但基长不大于 6.25 m；长钢轨线路焊缝视为接头，与标准轨一样，每根 25 m 钢轨测量 4 处；缓和曲线（含直线顺坡地段）仍按 6.25 m 距离继续向前测量轨距和水平，尽量接近顺坡点放尺。

3. 画

将轨距、水平记在线路左侧钢轨内侧或轨枕上，靠近钢轨的是轨距，紧挨着的是水平。工作量调查按照《线路养护作业常用标识符号》进行标识，根据检查的病害在钢轨上画出作业撬。

4. 记

将检查结果记入相应的线路和道岔检查记录簿内，将工作量情况记入"工作量调查簿"，记录人必须精通业务，对轨道几何尺寸做到边记录边分析，随时提醒检查人员对超限处所进行工作量调查。

5. 统计分析

当日检查结束后，工长要组织检查人员对检查结果进行统计分析。按照《普速铁路修理规则》（TG/GW 102—2019）规定的轨道静态几何尺寸容许偏差管理值标准，复核检查记录，统计分析线路状况。

四、结果记录与分析

（1）设备检查必须在当时形成检查记录。记录错误时可勾掉在其上部重写，不得在原有字迹上涂改。对轨距、水平每检测 1 尺都要记录，并在对应位置填记轨向、高低和其他病害问题。

（2）在"设备检查记录簿"中按格式逐项填写检查数据。

① 轨距：记录其实量值与标准值的误差。"+""-"的确定：实量轨距大于标准值为"+"号，"+"号可以省略不写；实量轨距小于标准值为"-"号，在差值前写"-"号。例如"5、-2"表示轨距分别为 1 440 mm 和 1 433 mm。

②水平:单线直线以计算公里方向的左股为基准股,双线直线以迎车方向左股为基准股,右股钢轨高时为"+"号,右股钢轨低时为"-"号。

③轨向:不使用"+"号和"-"号。

④高低:测量处为"坑"时用"-"号,测量处为"包"时用"+"号。

⑤普通线路爬行量:单线向里程终点方向爬行时为"+"号,双线向行车运行方向爬行时为"+"号,反之为"-"号。

⑥轨向、高低、普通线路爬行量及其他病害,记在检查记录簿"轨向、高低及其他"栏内相应的轨号位置。

线路检查记录簿见表1-2-1。

表 1-2-1 线路检查记录簿

正线_____km至____km　　　　　曲线半径_____m　　　　　超高_____mm

检查日期:_____年____月____日

检查项目	钢轨编号					
	1		2		3	
	接头	中间	接头	中间	接头	中间
轨距						
水平						
前后高低						
方向						
轨底坡						
三角坑						
临时补修日期和内容						
其他						

【参考规范】

1.《铁路轨道设计规范》(TB 10082—2017)。

2.《普速铁路线路修理规则》(TG/GW 102—2019)。

【任务评价】

学习效果 （10分）	团队协作 （10分）	匠人精神 （10分）

学习点评：

项目二　CRTSⅢ型板式无砟轨道及其 BIM 技术应用

任务目标

知识目标	能力目标	素养目标
（1）辨识 CRTSⅢ型板式无砟轨道； （2）了解 CRTSⅠ型、CRTSⅡ型、CRTSⅢ型板式无砟轨道结构的异同点； （3）掌握 CRTSⅢ型板式无砟轨道施工过程； （4）掌握 CRTSⅢ型板式无砟轨道的建模方法	（1）能够进行 CRTSⅢ型板式无砟轨道路基段支承层和桥梁段底座施工； （2）能够进行 CRTSⅢ型板式无砟轨道铺设； （3）能够进行 CRTSⅢ型板式无砟轨道自密实混凝土调整层施工	（1）具有吃苦耐劳、团队协作、不断学习的精神； （2）具有较强的情绪调节、环境适应、信息处理、分析总结和组织能力； （3）具有严格按照相关规范操作的意识

案例引入

在前期无砟轨道研究成果和消化吸收引进技术的基础上，我国相继研发了 CRTSⅠ型、CRTSⅡ型板式及双块式无砟轨道系统，并在我国高速铁路建设中全面推广应用。为优化无砟轨道结构设计，降低轨道工程建设成本，2008 年，结合成都至都江堰铁路工程建设，相关人员研发了 CRTSⅢ型板式无砟轨道结构，形成了一套具有我国完全自主知识产权、技术先进、经济合理、综合性能更优的高速铁路 CRTSⅢ型板式无砟轨道系统，发展和完善了我国高速铁路无砟轨道系统技术。

视频：CRTSⅢ型板式无砟轨道结构

CRTSⅢ型板式无砟轨道整体结构如图 2-0-1 所示。

CRTSⅢ型板式无砟轨道结构组成：钢轨、扣件、预制轨道板、配筋的自密实混凝土、限位挡台、中间隔离层（土工布）和钢筋混凝土底座。

无砟轨道采用单元分块式结构，在路基、桥梁和隧道地段，轨道板采用不连接的分块式结构。

底座板在每块轨道板范围内设置两个限位挡台（凹槽结构），底座板与自密实混凝土层间设置中间隔离层。

CRTSⅢ型板式无砟轨道整体施工主要工艺流程见表 2-0-1。

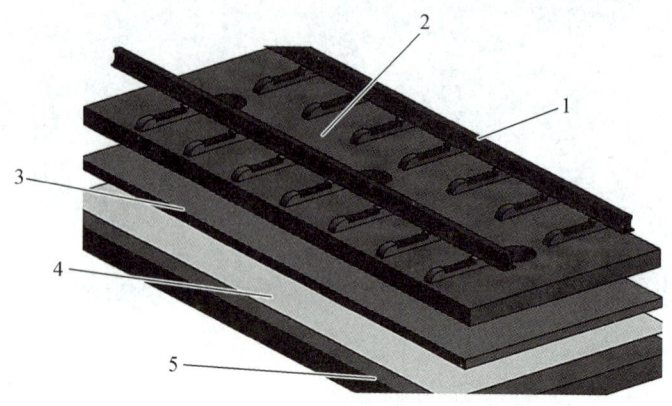

1—钢轨；2—预制轨道板；3—自密实混凝土；4—中间隔离层（土工布）；5—钢筋混凝土底座。

图 2-0-1　CRTSⅢ型板式无砟轨道

表 2-0-1　CRTSⅢ型板式无砟轨道整体施工主要工艺流程

序号	施工项目过程
1	施工准备
2	混凝土底座施工
3	隔离层及弹性缓冲垫层施工
4	轨道板铺设与精调
5	自密实混凝土施工
6	质量检查

任务一　CRTSⅢ型板式无砟轨道底座施工

任务目标

知识目标	能力目标	素养目标
（1）了解CRTSⅢ型板式无砟轨道底座施工所需要的机具及材料； （2）掌握CRTSⅢ型板式无砟轨道底座板施工流程及要求； （3）掌握CRTSⅢ型板式无砟轨道底座的质量检查要求； （4）了解CRTSⅢ型板式无砟轨道底座的外形尺寸，掌握其建模方法	（1）能够掌握CRTSⅢ型板式无砟轨道底座施工流程及要求； （2）能够对CRTSⅢ型板式无砟轨道底座进行质量检查； （3）能够进行CRTSⅢ型板式无砟轨道底座模型的建立	（1）具有吃苦耐劳、团队协作、不断学习的精神； （2）具有较强的情绪调节、环境适应、信息处理、分析总结和组织能力； （3）具有严格按照相关规范操作的意识

> **任务知识**

底座是 CRTSⅢ型板式无砟轨道工程至关重要的结构，底座结构的裂纹、风化、渗水等问题会导致轨道结构耐久性降低，甚至引起轨道破坏，对行车安全性和运行平稳性带来影响。

视频：CRTSⅢ型板式无砟轨道底座施工

知识点一　管理环节

1. 施工方案流程

CRTSⅢ型板式无砟轨道底座施工流程如表 2-1-1 所示。

表 2-1-1　CRTSⅢ型板式无砟轨道底座施工流程

序号	施工项目过程	序号	施工项目过程
1	施工准备	6	养护
2	测量放样	7	拆模
3	钢筋安装	8	底座伸缩缝设置（路基）
4	模板安装	9	质量检查
5	混凝土浇筑		

2. 施工主要器械

CRTSⅢ型板式无砟轨道底座施工主要器械如表 2-1-2 所示。

表 2-1-2　底座主要施工设备

序号	设备名称	序号	设备名称
1	混凝土拌和站	8	振动梁
2	混凝土运输车	9	电焊机
3	混凝土输送泵车	10	发电机
4	底座板模板	11	平板运输车
5	限位凹槽板模板	12	全站仪
6	吊车	13	电子水准仪
7	振捣棒	14	钢筋网片吊装架

3. 施工所需材料

CRTSⅢ型板式无砟轨道底座施工所需材料如表 2-1-3 所示。

表 2-1-3　施工所需材料

序号	材料	备注
1	钢筋网片	上层、下层，路基凹槽加强
2	U 形筋	直径 10~12 mm
3	植筋胶	专用
4	混凝土	底座板浇筑
5	PE 滑动膜	宽 1 m，厚 3 mm，长与底座等宽
6	PVC 管	底座板预埋

知识点二　操作环节

1. 施工准备

混凝土底座及限位凹槽施工前，应做好下列准备：

（1）底座施工前应清理基础面杂物，复测基础面中线、高程、平整度，确认其符合相关标准规定后，方可进行底座施工。

（2）梁面及隧底预埋件状态及拉毛质量应符合设计要求，当拉毛质量不符合要求时，应按设计要求进行现场凿毛处理（图 2-1-1）。见新面不应小于 75%。

知识点测试：CRTSⅢ型板式无砟轨道底座施工

（3）浮渣、碎片、油渍应清除干净，表面无杂物、积水。

（4）路基地段应检查过轨管线、横向排水设施等。路基表面应平整、无积水。

（5）对于 Z 字筋脱落或数量不足、抗拔力不满足要求的，重新进行植筋，植筋流程如表 2-1-4 及图 2-1-2~图 2-1-4 所示。

图 2-1-1　梁面凿毛处理

表 2-1-4　植筋施工过程

序号	过程	序号	过程
1	定位	5	植筋
2	钻孔	6	固化、保护
3	清孔	7	检验
4	锚固胶配制		

图 2-1-2　钻孔植筋

图 2-1-3　钻后风枪清孔植筋

  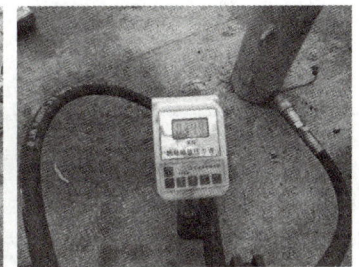

图 2-1-4　植筋抗拔试验

2. 测量放样

（1）测量放样前应按要求采用布板软件进行布板修正计算，对应确定左右线底座位置。底座端部与梁端伸缩缝的相对位应符合设计要求。

（2）依据 CPⅢ控制网，采用全站仪自由设站进行底座纵向边线、伸缩缝位置线、凹槽边缘线的放样，并与线路中线联测，以保证轨道板底座施工，如图 2-1-5 所示。

（3）曲线地段除应考虑曲线超高的设计要求外，平面位置还需考虑相对轨道中心线的偏移。

图 2-1-5　底座放样

3. 钢筋安装

（1）钢筋焊接网应按验收标准规定进行进场检验，包括外形尺寸、外观质量、重量及抗拉强度和抗剪强度，符合要求后方可用于施工，钢筋焊接网片重量允许偏差及开焊点要求如表 2-1-5 所示。必须使用复检合格的钢筋进行钢筋焊网，未经检查或检查不符合规定的钢筋焊网不得投入使用。

表 2-1-5　钢筋焊接网片重量允许偏差及开焊点要求

序号	项目	允许偏差
1	重量	±4.5%理论质量
2	开焊点数量	1%，并且任一根钢筋上开焊点不得超过该支钢筋上交叉点总数的50%，最外边钢筋上的交叉点无开焊
3	长度和宽度	±25 mm
4	钢筋间距	±10 mm
5	伸出长度	≥25 mm
6	对角线差	±1%

（2）当梁面预埋套筒时，应在梁体预埋套筒旋入连接钢筋，连接钢筋拧入预埋套筒的深度、拧紧扭矩应符合设计要求。当预埋套筒被堵塞、失效或顶埋套筒位置与钢筋网片位置冲突时，需在预埋套筒周围植入连接钢筋，植筋的材料、数量、位置和深度应满足设计要求。

（3）底座板钢筋下料前应认真审阅设计图纸及相应的规范，并做好图纸会审工作；底座板钢筋主要由 CRB550 级冷轧带肋钢筋（焊接网）及 CRB550 级冷轧带肋钢筋（构造架力钢筋）组成，焊网与架立钢筋进行点焊（图 2-1-6）。

（5）钢筋焊接网应按设计位置安装，安装时应兼顾凹槽位，将底座上下层钢筋网片、架立筋及连接钢筋绑扎成整体。

在钢筋焊接网及连接钢筋的每个交叉节点处，均应采用钢丝进行绑扎，如图 2-1-7 所示；上下两层钢筋网应绑扎定位，每 2 m² 不少于一个绑扎点，如图 2-1-8 所示。若网片与连接钢筋相碰可适当调整钢筋网片位置。

图 2-1-6 钢筋点焊

图 2-1-7 Z 字钢筋与网片连接

图 2-1-8 安装底座钢筋网片

表 2-1-6 底座钢筋安装流程

序号	流程
1	设置垫块
2	下层钢筋焊接网铺设
3	架立筋
4	路基段伸缩缝传力杆及传力杆固定钢筋
5	绑扎上层筋焊接网

 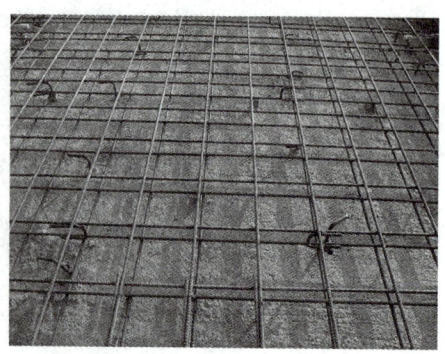

图 2-1-9　底座钢筋网片绑扎

（6）钢筋焊接网之间应采用平搭法，流程如表 2-1-6 所示，搭接长度符合设计要求。钢筋绑扎安装如图 2-1-9 所示，允许偏差如表 2-17 所示。

表 2-1-7　钢筋的绑扎安装允许偏差

序号	项目	允许偏差
1	钢筋间距	±20 mm
2	钢筋保护层厚度	0～10 mm

（7）曲线地段底座 U 形筋应按照编号分类分批存放，钢筋绑扎按不同超高编号，采用对应 U 形筋绑扎。

（8）钢筋焊接网安装时，下层网片应按每平方米不少于 4 个设置保护层垫块，并均匀分布，设置牢固。保护层厚度应符合设计要求。

（9）底座凹槽四角应按设计要求设置抗裂钢筋，并绑扎牢固。底座凹槽位置需将多余网片剪掉，剪掉后的网片需铺设于底座对应的凹槽的下部位置，并与底座下层网片绑扎牢靠，底座板内钢筋焊接网片分片搭接时，网片之间采用平搭法，且上下两层网片的搭接部位必须错开。

（10）路基地段每两个底座单元之间设置伸缩缝，伸缩缝位置传力杆（图 2-1-10），传力杆采用光面钢筋，传力杆一端进行涂沥青裹敷聚乙烯薄膜防锈处理，并用固定钢筋与上下两层网片固定在一起，设置时，必须保证同一伸缩缝的传力杆无水平差，同时与底座下层平面保持平行。传力杆的材质、质量应符合设计要求及相关标准的规定。传力杆直径允许偏差为 ±0.4 mm，长度允许偏差为 ±5 mm。路基地段底座伸缩缝传力杆安装应固定牢靠，其空间位置、数量、间距、方向等应符合设计要求。安装允许偏差应符合表 2-1-8 的要求。传力杆总长、涂刷封层长度、不锈钢套帽安装相对位置、套筒内填充纱头或泡沫塑料的数量等应满足设计要求。

（11）钢筋安装允许偏差应符合规定。安装完成的钢筋骨架不得踩踏。

（12）底座板施工时，采用保护层垫块卡在钢筋支架与模板之间，保证钢筋网片不发生位移，以确保底座板两侧面混凝土保护层厚度符合要求，如图 2-1-11 所示。

4. 模板安装

（1）模板及支架应有足够的强度、刚度和稳定性，能承受底座混凝土侧压力及施工中产生的荷载，满足对底座高程的控制要求。

（2）按设计位置与高程支立底座及凹槽模板，如图 2-1-12 及图 2-1-13 所示。

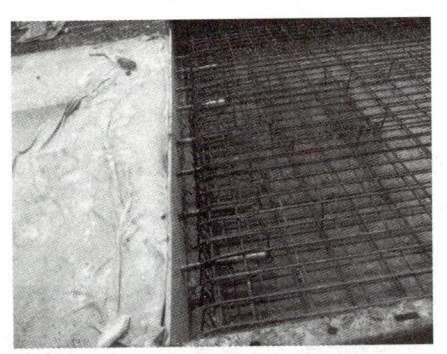

图 2-1-10　传力杆设置

表 2-1-8　传力杆安装允许偏差

序号	项目	允许误差/mm	测量位置
1	传力杆端上下左右偏差	±10	在传力杆两端测量
2	传力杆在板中心上下偏差	±10	以板面为基准测量
3	传力杆在板中心左右偏差	±20	以板中线为基准测量
4	传力杆纵向前后偏位	±20	以缝边混凝土面为基准测量
5	传力杆套帽长度	±10	以封堵帽内底面起测
6	传力杆与套帽底间距	+100	以传力杆中点及套帽底面为基准

图 2-1-11　底座保护层垫块

底座模板应垂直安装，确保平顺、牢固。模板及支架安装应稳固牢靠，接缝严密，不得漏浆。模板支立前，底座板侧模应清理干净并涂刷隔离剂。

图 2-1-12　模板安装

图 2-1-13　限位凹槽模板安装

（3）模板安装时，按照已测量放好的边线进行挂线，支立底座侧模板和限位凹槽模板。

（4）凹槽模型底面均匀布置排气孔，采用角钢固定架固定，四根螺杆兼有调整凹槽底面标高的功能。

（5）模板支立完毕，根据设计标高来调整模板的高度，保证底座顶面标高一致，平顺过渡，相邻模板错台不超过1 mm，接缝严密，如图2-1-14所示。

图2-1-14　防错台装置

（6）模板经初调完毕后，再用水准仪复核其标高，并用钢卷尺检查其位置。

（7）待模板安装均符合设计要求后，用砂浆把模板底部封堵密实，严防漏浆，同时通过拉杆、顶撑固定模板使之牢靠。

（8）按设计要求，需伸入梁端的底座板，梁缝部分的底模板应加设L形薄钢板，并采用腻子等封闭底模板缝隙。

（9）曲线地段模板高度应满足曲线超高的设计要求，混凝土底座中线位置应考虑向外的偏移量。凹槽模板应定位准确，安装牢固，防止施工中模板上浮。

（10）模板安装后要按表2-1-9和表2-1-10的要求检查模板安装偏差。

表2-1-9　混凝土底座模板安装允许偏差及检验数量

序号	项目	允许偏差/mm	检验数量
1	施工控制高程	±3	每5 m检查1处
2	宽度	±5	每5 m检查3处
3	中线位置	2	每5 m检查3处
4	伸缩缝位置	5	每条伸缩缝检查1次
5	伸缩缝宽度	±2	每条伸缩缝检查1次

表2-1-10　限位凹槽模板安装允许偏差

序号	检查项目	允许偏差/mm	检验方法
1	中线位置	2	尺量
2	顶面高程	±3	水准仪
3	长度和宽度	±3	尺量
4	相邻凹槽中心间距	±5	尺量

5. 混凝土灌注

（1）混凝土入模前应彻底清理模板范围内的杂物，并对基础面喷水湿润，但不得积水，如图 2-1-15 所示。

图 2-1-15　浇筑前底座预湿

（2）底座混凝土浇筑前应再次检查确认模板、钢筋、限位凹槽和伸缩缝的位置状态，满足设计要求后方可进行混凝土施工。

（3）混凝土由搅拌站集中拌和，且拌和时间不小于 120 s，严格按施工配合比施工，采用罐车运输。混凝土浇筑如图 2-1-16 所示。

图 2-1-16　底座混凝土浇筑

（4）混凝土的自由落差不能大于 1 m，混凝土的坍落度控制在设计坍落度范围内。混凝土入模温度应不大于 25 ℃，且不低于 5 ℃。当工地昼夜平均温度连续 3 天低于 5 ℃ 或最低气温低于 −3 ℃ 时，应采取冬期施工措施。

（5）混凝土布料时宜先浇筑凹槽四角部位，防止凹槽四角混凝土开裂，如图 2-1-17 所示。

图 2-1-17　限位凹槽美化

（6）先人工大致摊平，然后用插入式振捣器振捣。振捣时要快插慢拔，切忌振捣棒触碰模板、连接螺栓和钢筋，同时应注意避免漏捣、过振；凹槽四周应振捣密实。桥梁底座为分块结构，不采取纵连，灌注混凝土时一端向另一端推进，一次成型，中间不留施工缝。振捣后，用振动梁提浆整平或人工用长刮尺收浆搓平。

（7）底座混凝土浇筑后应及时抹面，并严格控制顶面高程、平整度和横向排水坡，如图2-1-18、图2-1-19所示。在混凝土初凝后终凝前应进行二次抹面，二次抹面时间根据混凝土配制的终凝时间确定。

图 2-1-18　排水坡控制

图 2-1-19　排水坡抹平

（8）混凝土收面完成后，应覆盖土工膜进行保湿养护。养护时间应根据不同气候条件按工艺试验要求进行。

（9）在混凝土未达到设计强度的 75% 之前，严禁各种车辆在底座上通行。需要通行重载车辆时须对底座表面进行不小于 5 cm 的覆土处理，并在下一步工序前清理干净。

6. 养　护

混凝土灌注完成后应及时进行养护（图 2-1-20），养护采用滴灌法养护，用水温度与混凝土表面温度之差不得大于 15 ℃。冬季及夏季施工应对混凝土做好特殊养护措施，当环境温度低于 5 ℃ 时，禁止洒水养护，可在混凝土表面喷涂养护液养护，并采取适当保温措施。混凝土完成后再进行薄膜上覆盖土工布洒水保湿养护，时间至少 14 天。养护期薄膜土工布必须严密覆盖混凝土的表面，并安排专人养护。

7. 拆　模

拆模时混凝土表层与环境之间温差不应大于 15 ℃。具体拆模时间，以不损坏混凝土表面和棱角为准。

8. 路基底座板单元伸缩缝设置

底座伸缩缝位置应符合设计要求，伸缩缝宜与底座中心线垂直、缝壁上下垂直、缝宽一致。采用挤塑板或泡沫橡胶板填缝，并采用聚氨酯密封。

采用聚氨酯封面时，将伸缩缝两侧宽范围内用胶带纸粘贴整齐以防止聚氨酯污染底座板。

嵌填完成的密封材料表面超出部分应用刀片切除，保证密封表面平滑，缝边应顺直，无凹凸不平现象。

图 2-1-20　底座混凝土养护

9. 质量检查

（1）混凝土底座外形检查。

混凝土结构表面应密实、平整、颜色均匀，不应有露筋、蜂窝、孔洞、疏松、麻面和缺棱掉角等缺陷，具体允许偏差如表 2-1-11 所示。

检验数量：施工单位全部检查。

检验方法：观察检查。

检查方法：施工单位使用专用仪器测量。

表 2-1-11　混凝土底座外形尺寸允许偏差

序号	检验项目	允许偏差	测量位置
1	顶面高程	±5 mm	每个底座或每 5 m 检查 1 处
2	宽度	±10 mm	每个底座或每 5 m 检查 3 处
3	厚度	±10%设计厚度	每个底座或每 5 m 检查 3 处
4	中线位置	3 mm	每个底座或每 5 m 检查 3 处
5	平整度	10 mm/3 m	每个底座或每 5 m 检查 1 处
6	伸缩缝位置	10 mm	每条伸缩缝检查 1 次
7	伸缩缝宽度	±5 mm	每条伸缩缝检查 1 次
8	底座外侧排水坡	−1%～+3%	每个底座或每 5 m 检查 1 处

（2）限位凹槽外形检查。

限位凹槽外形尺寸允许偏差如表 2-1-12 所示。

检查数量：施工单位每个底座检查一个凹槽。

检查方法：使用专用仪器测量。

表 2-1-12　限位凹槽外形尺寸允许偏差

序号	检验项目	允许偏差
1	中线位置	5 mm
2	长度和宽度	±5 mm
3	深度	5 mm
4	平整度	2 mm/0.5 m
5	相邻凹槽中心间距	±10 mm

（3）伸缩缝检查。

伸缩缝宜与底座中心线垂直，缝壁上下垂直，缝宽应一致。

检查数量：施工单位每施工段检查1处。

检验方法：观察检查。

【技能实训】

结合课程相关内容，填写表2-1-13。

表2-1-13　××工程底座板混凝土拆模检查结果

工程名称			施工单位	
工程特点			工程部位	
灌注日期			拆模时间	
序号	检查项目		要求	检查结果
1	混凝土结构			
2	模板拆除			
3	底座外形尺寸偏差	顶面高程	±5 mm	
4		宽度	±10 mm	
5		中线位置	3 mm	
6		平整度	10 mm/3 m	
7		伸缩缝位置	10 mm	
8		伸缩缝宽度	±5 mm	
9		底座外侧排水坡	−1% ~ +3%	
10	限位凹槽外形尺寸允许偏差	中线位置	5 mm	
11		深度	±5 mm	
12		平整度	2 mm/0.5 m	
13		长度	±5	
14		深度	±5	
15		相邻凹槽中心间距	±10	
专职质量检查员：				年　月　日
施工技术员：				年　月　日
现场监理：				年　月　日

【参考规范】

1.《铁路混凝土工程施工质量验收标准》（TB 10424—2018）。

2.《高速铁路轨道工程施工质量验收标准》（TB 10754—2018）。

【BIM 技术应用实战】

一、任务背景

采用 Revit 建模软件创建桥梁地段 CRTSⅢ型板式无砟轨道,首先明确需要创建的构件包括底座、自密实混凝土、隔离层及缓冲垫层、轨道板,其次需要明确的是各构件的尺寸、材质及位置。

某工程桥梁地段轨道结构参数如表 2-1-14 所示。

表 2-1-14 ××工程桥梁地段轨道结构部分参数

构件	尺寸	材质
轨道板	轨道板尺寸:5 600 mm×2 500 mm×210 mm;桥上扣件节点间距的均匀,为 630 mm;相邻轨道板的间隙为 70 mm;轨道板上设承轨台,高度为 38 mm	混凝土强度等级为 C60
自密实混凝土层及限位凹槽	自密实混凝土层尺寸:5 600 mm×2 500 mm×100 mm;凹槽尺寸:1 000 mm×700 mm×100 mm	混凝土强度等级为 C40
隔离层及弹性垫层	隔离层厚 4 mm,范围:自密实混凝土范围内	隔离层:土工布;弹性垫层:弹性垫板与聚乙烯泡沫板组合
底座	宽 2 900 mm 厚 200 mm;单元结构,每一块轨道板对应底座为一单元,单元间设置 20 mm 伸缩缝	混凝土强度等级为 C35;伸缩缝填充聚乙烯泡沫塑料板

二、底座及限位凹槽建模

(1)新建族,选择公制常规模型。

(2)参照标高上绘制底座,选择创建工具"拉伸"。

(3)在平面上绘制底座轮廓 5 600 mm×2 900 mm,并从"属性"选项卡中设置拉伸起点为 0.0,拉伸终点为 200.0,如图 2-1-21 所示。再从"属性"选项卡中选择材质为 C35 混凝土,点击模式中的"√",完成当前模型。

视频:CRTSⅢ型板式无砟轨道底座及限位凹槽建模

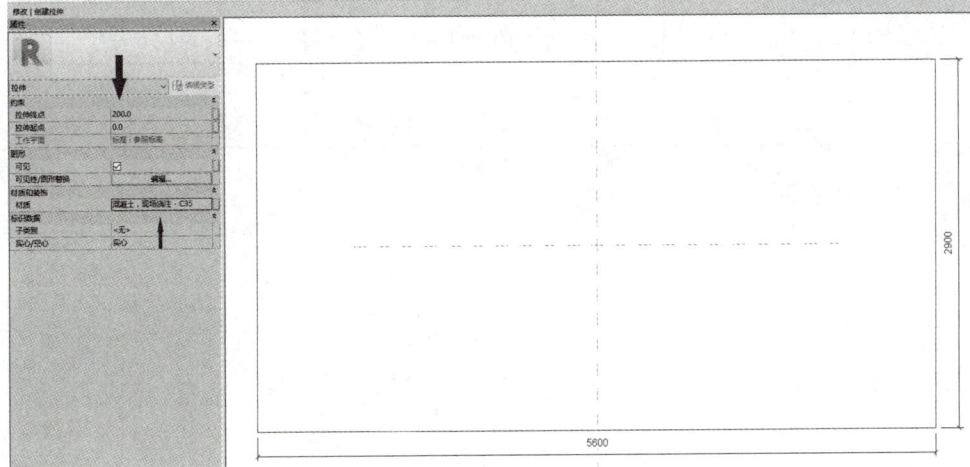

图 2-1-21 底座参数设置

（4）选择创建工具"空心形状"—"空心拉伸",在参照标高上绘制限位凹槽轮廓,从"属性"选项卡中选择拉伸起点为100.0,拉伸终点为200.0,如图2-1-22所示。

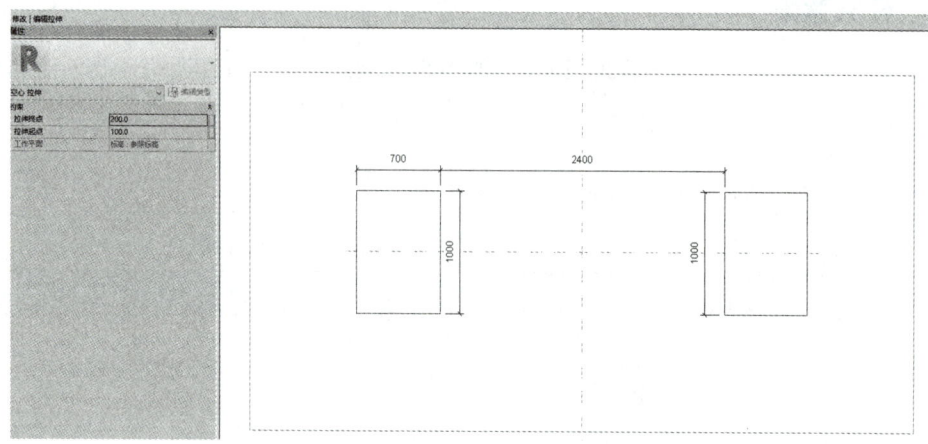

图 2-1-22　限位凹槽参数设置

（5）完成模型（图2-1-23）,并保存为"底座.rfa"。

图 2-1-23　底座三维模型

【任务评价】

学习效果 （10分）	团队协作 （10分）	匠人精神 （10分）

学习点评：

任务二 隔离层及弹性缓冲垫层施工

任务目标

知识目标	能力目标	素养目标
（1）掌握CRTSⅢ型板式无砟轨道隔离层的铺设过程； （2）掌握CRTSⅢ型板式无砟轨道弹性垫层的粘贴要点； （3）掌握隔离层及弹性缓冲垫层建模方法	（1）能够掌握CRTSⅢ型板式无砟轨道隔离层及弹性缓冲垫层施工流程及要点； （2）能够指导CRTSⅢ型板式无砟轨道隔离层及弹性缓冲垫层施工流程； （3）能够建立隔离层及弹性缓冲垫层模型	（1）具有吃苦耐劳、团队协作、不断学习的精神； （2）具有较强的情绪调节、环境适应、信息处理、分析总结和组织能力； （3）具有严格按照相关规范操作的意识

任务知识

隔离层与弹性垫层是指用土工布和橡胶、塑料制成的，设在底座与轨道板之间起绝缘减震作用的垫板。它的主要作用是缓冲车辆通过路轨时所产生的高速冲击和振动，保护轨枕和路基，并对信号系统进行电绝缘。因此，要求隔离层与弹性垫层具有良好的耐寒耐热及耐自然老化性能、良好的减震作用、良好的绝缘性能。

知识点一　管理环节

1. 施工方案流程

CRTSⅢ型板式无砟轨道隔离层施工流程如表 2-2-1 所示。

表 2-2-1　CRTSⅢ型板式无砟轨道隔离层施工流程

序号	施工项目过程	序号	施工项目过程
1	施工准备	4	弹性垫层粘贴
2	隔离层铺设	5	质量检查
3	隔离层裁剪		

2. 施工主要器械

CRTSⅢ型板式无砟轨道隔离层施工主要器械如表 2-2-2 所示。

3. 施工所需材料

CRTSⅢ型板式无砟轨道隔离层施工所需材料如表 2-2-3 所示。

表 2-2-2　隔离层施工主要器械

序号	器具名称	序号	器具名称
1	滚轮式卷料架	4	粘胶剂搅拌器
2	切割工具	5	定距垫块
3	齿状木耙子		

表 2-2-3　隔离层施工所需材料

部位	分类	备注
隔离层及弹性垫层	弹性垫板	弹性垫板与聚苯乙烯泡沫板组装
	聚苯乙烯泡沫板	
	土工布	每单元底座板通长布置，严禁搭接

知识点二　操作环节

1. 施工准备

隔离层及弹性垫层施工前，应做好准备工作，如表 2-2-4 所示，以确保施工的成品质量。

表 2-2-4　隔离层施工准备项目

序号	准备项目	序号	准备项目
1	底座验收	3	测量放样
2	底座及凹槽表面处理		

（1）底座验收。

① 中间隔离层施工前应对底座及凹槽质量进行验收，混凝土底座及限位凹槽外形尺寸允许偏差如表 2-2-5、表 2-2-6 所示。验收现场如图 2-2-1～图 2-2-3 所示。

表 2-2-5　混凝土底座外形尺寸允许偏差

序号	项目	允许偏差
1	顶面高程	±5 mm
2	宽度	±10 mm
3	中线位置	3 mm
4	平整度	10 mm/3 m
5	伸缩缝位置	10 mm
6	伸缩缝宽度	±5 mm
7	底座外侧排水坡	1%

图 2-2-1　底座验收

图 2-2-2　底座打磨　　　　　　　图 2-2-3　底座高程复测

表 2-2-6　限位凹槽外形尺寸允许偏差

序号	检查项目	允许偏差
1	中线位置	3 mm
2	深度	±5 mm
3	平整度	2 mm/0.5 m
4	长度和宽度	±5 mm
5	相邻凹槽中心间距	±10 mm

②底座混凝土强度检验：将浇筑底座混凝土时制备的同养试件进行抗压试验，当底座混凝土强度达到设计强度75%以上，同时其他质量检查项目合格后，方可进行隔离层和弹性垫层施工。

（2）底座及凹槽表面处理。

在轨道板铺设前，在底座板和凹槽应用洁净高压水和高压风彻底对底座板进行清洁和清理，保证铺设范围内底座板洁净干燥且无砂石类可能破坏中间隔离层的磨损性颗粒，如图2-2-4所示。

知识点测试：CRTSⅢ型板式无砟轨道隔离层及弹性缓冲垫层施工

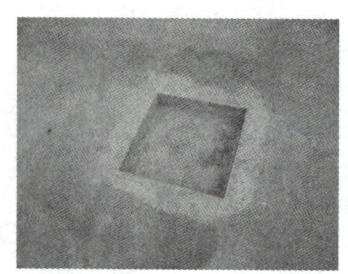

图 2-2-4　凹槽铺设前打磨

（3）测量放样。

利用 CPⅢ 控制网对土工布铺设范围进行测量放样，用墨斗沿线路纵向弹出中间隔离层土工布铺设边线。隔离层铺设时较自密实混凝土四周边缘宽出 5 cm。

2. 隔离层铺设

土工布铺设不宜在大风及雨雪条件下进行。铺设前保证底座表面清洁，限位凹槽内不得有积水。底座表面平整，其平整度满足设计图纸要求。

隔离层宜由底座一端向另一端连续铺设，轨道板范围内不得有搭接或缝接，隔离层宜宽出轨道板边缘 5 cm。将隔离层平整地铺置于混凝土底座上，并采取临时固定措施，如采用胶带、镇压保护层垫块等临时固定设施进行固定。保持隔离层平整、无借位、无褶皱。隔离层平整度（起拱度）应按 10 mm/1 m 进行控制。隔离层铺设速度与轨道板铺设速度相适应，铺设后避免日晒、雨淋。

3. 隔离层裁剪

准确定位限位凹槽底面位置，在限位凹槽的位置用刀将土工布割出刀切割出与凹槽上口开口大小一致的孔洞，如图 2-2-5 所示。切割下的隔离层置于凹槽底面铺设，如图 2-2-6 所示。使整张土工布与底座板表面及限位凹槽底面密贴。

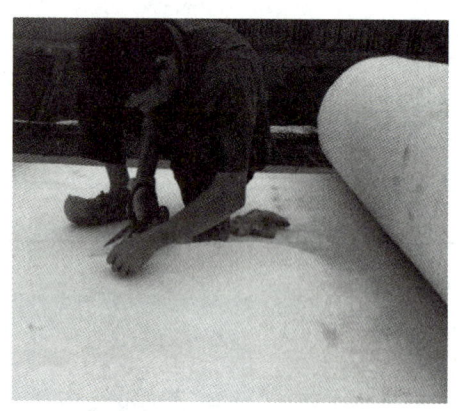

图 2-2-5　隔离层裁剪

图 2-2-6　隔离层及弹性垫层铺设

4. 弹性垫层粘贴

弹性垫层设置在限位凹槽四周，将弹性垫板结合凹槽实际深度和尺寸进行修整切割加工，在凹槽四周喷海绵胶，确保嵌入的弹性垫板限位凹槽侧壁密贴，与限位凹槽底部和底座表面的土工布紧密结合，利用混凝土钢钉将弹性垫层固定于混凝土侧壁。其他边缘拐角宽胶带进行平整严密封口。确保顶面与底座表面平齐，周边无翘起、空鼓、封口或脱层不严等缺陷。

带弹性垫层的隔离层铺设完毕后，在轨道板铺设前，应采取适当遮盖保护措施，避免长时间日晒雨淋，防止损伤。且自密实混凝土灌注工序的进行时间必须在隔离层铺设完成15日内进行。

5. 质量检查

隔离层及弹性垫层的规格、材质应符合设计要求。

（1）隔离层铺设检查。

隔离层不应搭接，缝接应铺贴平整无破损，接缝处及边沿无翘起、空鼓、褶皱、脱层或封口不严等缺陷。隔离层平整度（起拱度）允许偏差为 10 mm/1 m。

检验数量：施工单位，监理单位全部检查。

检验方法：观察检查、尺量，并留存影像资料。

（2）弹性垫层检查。

弹性垫层与限位凹槽侧面应粘贴牢固，顶面与底座表面平齐，接缝处及周边无翘起，空鼓、绞折、脱层或封口不严等缺陷。

检验数量：施工单位，监理单位全部检查。

检验方法：观察检查，并留存影像资料。

【技能实训】

结合课程相关内容，填写表 2-2-7。

表 2-2-7　新建××铁路（××段）隔离层及弹性垫层施工检查记录

工程（标段）名称		施工单位	
单位工程名称		工程部位	
序号	检查项目	要求	检查结果
1	铺设前基底处理		
2	隔离层所用材料的规格、材质、性能		
3	弹性垫层所用材料规格、材质、性能		
4	隔离层铺贴质量		
5	弹性垫层安装质量		
6	其他		
专职质量检查员：			年　月　日
施工技术负责人：			年　月　日
现场监理：			年　月　日

【参考规范】

《高速铁路轨道工程施工质量验收标准》（TB 10754—2018）。

【BIM 技术应用实战】

视频：CRTS Ⅲ 型板式无砟轨道隔离层及弹性垫层建模

任务：创建 CRTS Ⅲ 型板式无砟轨道隔离层及弹性垫层。

一、隔离层

（1）新建族，选择公制常规模型。
（2）参照标高上绘制隔离层，选择创建工具"拉伸"。
（3）绘制隔离层轮廓 5 600 mm×2 500 mm，如图 2-2-7 所示。

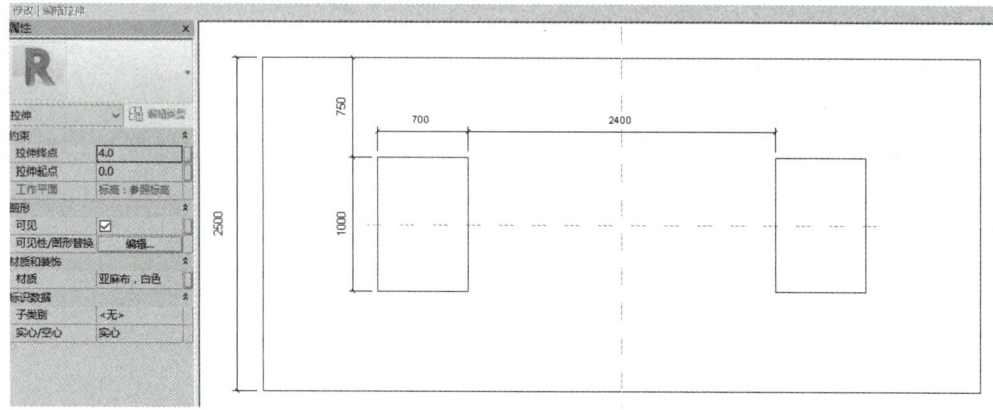

图 2-2-7　隔离层参数设置

（4）从"属性"选项卡中选择拉伸起点为 0.0，拉伸终点为 4.0。
（5）材质从"属性"选项卡中选择材质为土工布。
（6）选择创建工具"拉伸"，在参照标高上绘制限位凹槽里的隔离层，选择绘制面板里的"拾取"命令，拾取出限位凹槽的轮廓，如图 2-2-8 所示。

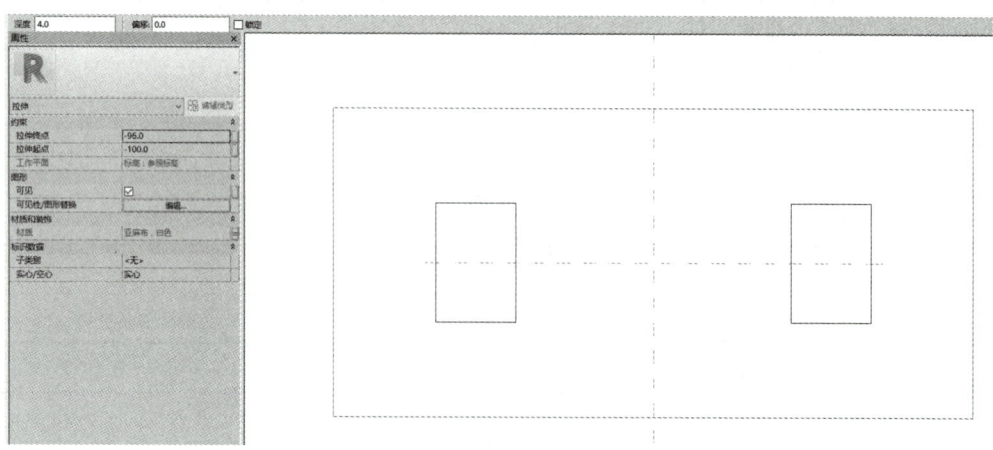

图 2-2-8　拾取出的限位凹槽轮廓

(7)从"属性"选项卡中选择拉伸起点为-100.0,拉伸终点-96.0;选择材质为土工布。
(8)完成模型,保存该族为"隔离层.rfa",如图 2-2-9 所示。

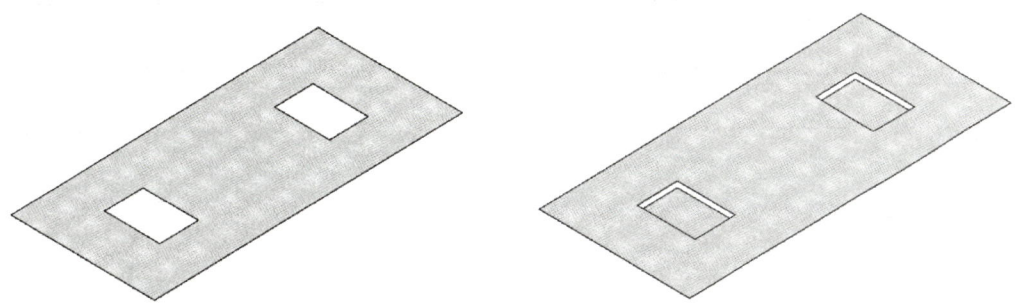

图 2-2-9　隔离层三维模型

二、弹性垫层

(1)新建族,选择公制常规模型。
(2)参照标高上绘制弹性垫层,选择创建工具"拉伸"。
(3)按照底座凹槽位置,绘制弹性垫层的内外轮廓;外轮廓 700 mm×1 000 mm,厚度 8 mm,如图 2-2-10 所示。
(4)从"属性"选项卡中选择拉伸起点为 4.0,拉伸终点-96.0;选择材质为塑料,不透明黑色(聚乙烯),如图 2-2-11 所示。
(5)完成该部分模型,保存为"弹性垫层.rfa"。

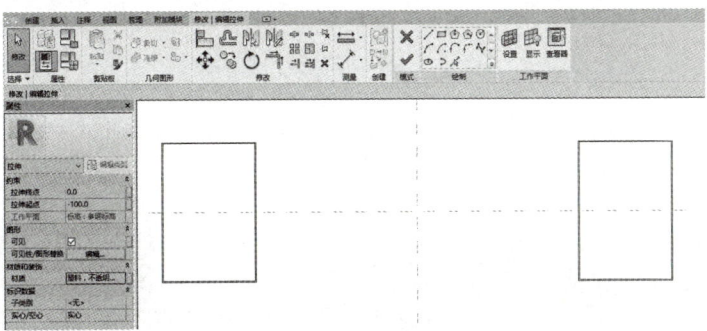

图 2-2-10　弹性垫层参数设置

图 2-2-11　弹性垫层三维模型

【任务评价】

学习效果 （10分）	团队协作 （10分）	匠人精神 （10分）

学习点评：

任务三　轨道板铺设施工

任务目标

知识目标	能力目标	素养目标
（1）了解CRTSⅢ型板式无砟轨道板铺设的主要器械； （2）掌握CRTSⅢ型板式无砟轨道板铺设施工流程及方法； （3）掌握CRTSⅢ型板式无砟轨道自密实混凝土建模方法	（1）能够掌握CRTSⅢ型板式无砟轨道板铺设施工的流程； （2）能够掌握CRTSⅢ型板式无砟轨道板铺设施工的要点； （3）能够绘制自密实混凝土的模型	（1）具有吃苦耐劳、团队协作、不断学习的精神； （2）具有较强的情绪调节、环境适应、信息处理、分析总结和组织能力； （3）具有严格按照相关规范操作的意识

任务知识

轨道板是CRTSⅢ型板式无砟轨道工程至关重要的结构，轨道床板结构的裂纹、风化、渗水等问题会导致轨道结构耐久性降低，甚至引起轨道破坏，对行车安全性和运行平稳性带来影响。本节将介绍CRTSⅢ型板式无砟轨道轨道板施工流程、技术要点。

知识点一　管理环节

1. 施工方案流程

CRTSⅢ型板式无砟轨道轨道板铺设流程如表2-3-1所示。

表2-3-1　CRTSⅢ型板式无砟轨道轨道板铺设流程

序号	施工项目过程
1	施工准备
2	轨道板粗铺放线
3	自密实混凝土层钢筋焊网安装
4	轨道板吊装上桥
5	轨道板粗铺
6	质量检查

2. 施工主要器械

CRTSⅢ型板式无砟轨道轨道板铺设主要器械如表2-3-2所示。

表 2-3-2 轨道板铺设主要工具器械

序号	设备名称	序号	设备名称
1	自密实混凝土模板	7	铺板龙门吊
2	载重汽车	8	三角规
3	吊车	9	三向调节设备
4	混凝土拌和站	10	混凝土输送泵车
5	混凝土运输车	11	吊耳
6	轨道板运输车	12	扳手

知识点二　操作环节

1. 施工准备

（1）轨道板铺设前应复测底座高程。

（2）轨道板进入铺设现场前，应核对轨道板型号；轨道板外观应无裂纹、破损及缺棱掉角。

（3）轨道板铺设前，在底座表面对应轨道板两侧靠近吊装孔位置放置支撑垫块，垫块应放在精调装置旁边。

知识点测试：CRTSⅢ型板式无砟轨道轨道板铺设施工

（4）将纵向钢筋按设计要求绝缘绑扎在轨道板门型筋内。

（5）轨道板粗铺前首先对中间隔离层和弹性垫层施工质量进行验收。中间隔离层应铺设平整，无破损，边沿无翘起、空鼓等缺陷。弹性垫层与限位凹槽侧面粘贴牢固，顶面与底座表面平齐，周边无翘起、空鼓、封口不严等现象。

2. 轨道板粗铺放线

轨道板设前应清理隔离层表面并精确放线。轨道板四角位置应根据布板软件计算的轨道板坐标进行放样，定出轨道板四条边线。轨道板与梁缝以及底座伸缩缝之间的位置关系应满足设计要求。

3. 自密实混凝土层钢筋焊网安装

（1）钢筋下料前首先核对图纸，准确无误后方可下料。钢筋焊网按对应的轨道板型号分类存放，做好编号，方便运输。

（2）自密实混凝土层钢筋焊接网及凹槽钢筋（图 2-3-1）应按设计位置安装，并绑扎成整体。

（3）自密实混凝土层钢筋采用 CRB550 级冷轧带肋钢筋焊接网，必须由钢筋加工厂集中焊接制作，用运输台车运到现场，钢筋的绑扎安装允许偏差如表 2-3-3 所示。钢筋焊网吊装时采用自制吊钩四点吊装，避免因受力不均造成网片焊点开焊。钢筋焊网按其规格、型号分类存放，对暂时不用的钢筋半成品及钢筋焊网用塑料布、篷布等，进行覆盖防雨保护。

（4）钢筋绑扎前先核对图纸，根据放样控制点，弹出底层钢筋焊网安装墨线。

（5）采用厂制标准混凝土保护层垫块，按梅花形布置，布置要求不少于 4 个/m²，如图 2-3-2 所示。

图 2-3-1　凹槽钢筋制作

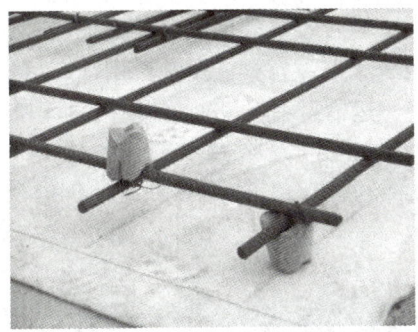

图 2-3-2　保护层及防上浮垫块

（6）凹槽位置的钢筋采用 HRB335 级钢筋，施工现场绑扎成型与钢筋焊网连接，如图 2-3-3 所示。

图 2-3-3　限位凹槽钢筋绑扎安装

表 2-3-3　钢筋的绑扎安装允许偏差

序号	项目	允许偏差/mm
1	钢筋间距	±20
2	钢筋保护层厚度	+100

（7）为了不影响钢筋网片纵向钢筋放置，需将轨道板中间 4 根门型钢筋平直段对称剪裁 180 mm，剪裁后钢筋端头采用环氧树脂涂层，并进行密闭绝缘处理。

（8）轨道板粗铺时，预先在纵向门式钢筋内穿好一根钢筋，轨道板下方到位后，仅需对外侧门式钢筋粗绑扎。

（9）钢筋网片安装完毕后，将隔离层上的垃圾清除干净。

4. 轨道板吊装上桥

在施工便道紧靠路基、桥梁墩台较矮等地段通过铺板悬臂式龙门吊直接吊装上桥；在桥梁较高地段或跨河等困难地段，采取在桥梁低矮地段用汽车吊、人工、运板车配合的方式，将轨道板吊装至桥梁运板车上，运输至铺板位置，如图 2-3-4 所示。

图 2-3-4　轨道板吊装

5. 轨道板粗铺

（1）轨道板粗铺时应注意防止破坏或触动 CPⅢ点，影响精调施工精度。

（2）轨道板铺设前，应对中间隔离层表面进行清理，达到无浮渣、碎片、油渍以及无积水等。

（3）隔离层土工布及钢筋焊网位置调整到位，钢筋保护层厚度、垫块数量及其紧固程度满足要求。

（4）轨道板粗铺应按布板设计进行铺设。采用专用设备按放线位置将轨道板平稳地吊放在支撑块上，轨道板接地端应位于线路外侧。

（5）粗铺过程中，不得损伤轨道板下部门型钢筋和绝缘涂层。

（6）轨道板粗铺时的平面定位允许偏差：纵向不应大于 10 mm，横向不应大于 5 mm。为加快后续的精调施工，粗铺精度应该尽量提高。

（7）粗铺轨道板后，应及时遮盖灌注孔和观察孔，雨天应覆盖轨道板和底座，防止杂物和雨水进入板腔。

6. 质量检查

（1）钢筋。

① 钢筋规格、型号应符合设计要求。

检验数量：施工单位、监理单位全部检查。

检验方法：观察检查。

② 轨道板门形钢筋与钢筋网片的连接应符合设计要求。

检验数量：施工单位全部检查。

检验方法：观察检查，并留存影像资料。

（2）轨道板。

① 轨道板类型、规格应符合设计要求。轨道板板体及承轨台应无裂缝；预埋套管内不应有混凝土淤块。

检验数量：施工单位、监理单位全部检查。

检验方法：观察检查。

② 轨道板铺设过程中，不应损伤轨道板下部门型钢筋及其绝缘涂层。

检验数量：施工单位全部检查。

检验方法：观察检查。

【技能实训】

结合课程相关内容，填写表 2-3-4。

表 2-3-4 新建××铁路（××段）自密实混凝土层钢筋检查记录表

工程（标段）名称			施工单位	
单位工程名称			工程部位	
序号	检查项目		要求	检查结果
1	重量		±4.5%理论质量	
2	开焊点数量		≤1%，并且任一根钢筋上开焊点不得超过该支钢筋上交叉点总数的50%，最外边钢筋上的交叉点无开焊	
3	长度		±10 mm	
4	宽度		±15 mm	
5	钢筋间距		±10 mm	
6	伸出长度		≥25 mm	
7	对角线差		±1%	
8	钢筋加工			
9	钢筋连接方式、接头			
10	钢筋安装			
11	钢筋原材料外观			
12	钢筋加工与偏差			
13	钢筋的绑扎安装允许偏差	钢筋间距	±20 mm	
14		保护层厚度	0～10 mm	
专职质量检查员：			年　　月　　日	
施工技术员：			年　　月　　日	
现场监理：			年　　月　　日	

【参考规范】

《铁路混凝土工程施工质量验收标准》(TB 10424—2018)。

【BIM 技术应用实战】

任务：创建 CRTSⅢ型板式无砟轨道自密实混凝土层及凸台。

（1）新建族，选择公制常规模型。

（2）参照标高上绘制自密实混凝土层，选择创建工具"拉伸"。

（3）绘制自密实混凝土层轮廓 5 600 mm×2 500 mm，如图 2-3-5 所示。

（4）从"属性"选项卡中选择拉伸起点为 0.0，拉伸终点为 100.0；选择材质为 C40 混凝土。

（5）完成该部分模型。

（6）选择创建工具"拉伸"，在参照标高上绘制凸台，如图 2-3-6 所示。

（7）从"属性"选项卡中选择拉伸起点为 0.0，拉伸终点为-96.0；选择材质为 C40 混凝土。

（8）完成模型并保存为"自密实混凝土层及凸台.rfa"，如图 2-3-7 所示。

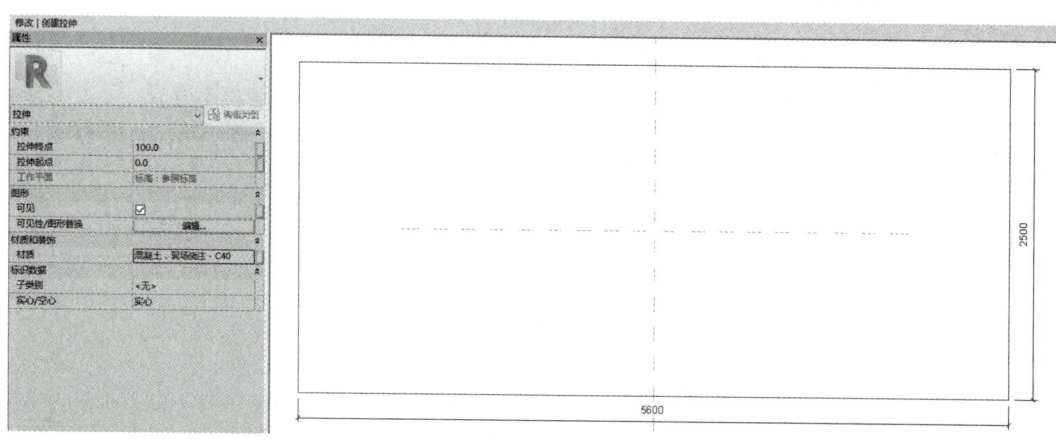

图 2-3-5　自密实混凝土层参数设置

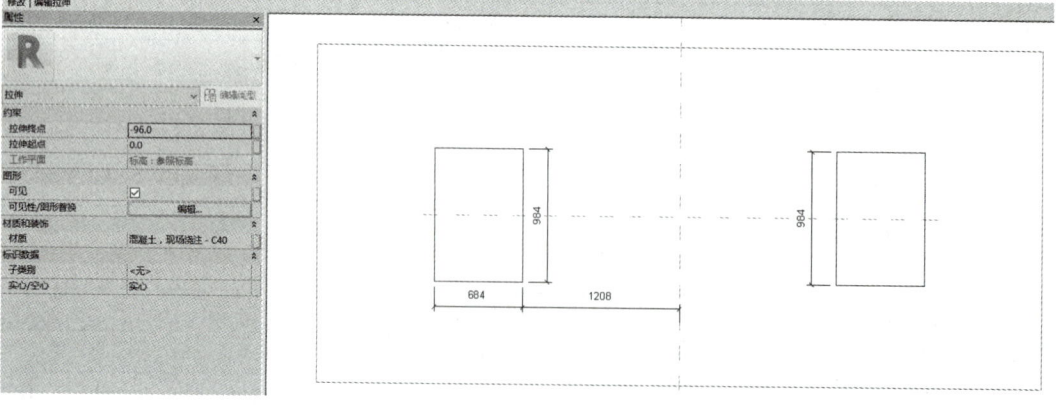

图 2-3-6　凸台参数设置

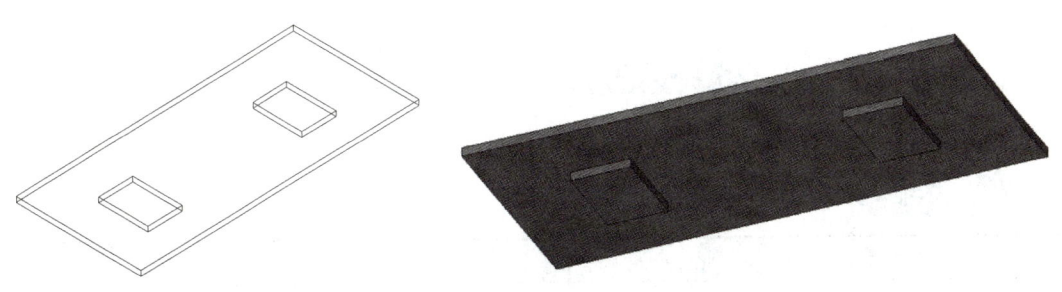

图 2-3-7 自密实混凝土层及凸台三维模型

【任务评价】

学习效果 （10分）	团队协作 （10分）	匠人精神 （10分）

学习点评：

任务四 轨道板精调

任务目标

知识目标	能力目标	素养目标
（1）了解轨道板精调施工主要工具器械； （2）掌握CRTSⅢ型板式无砟轨道轨道板精调流程及方法； （3）掌握CRTSⅢ型板式无砟轨道轨道板建模方法	（1）能够掌握CRTSⅢ型板式无砟轨道轨道板精调作业流程及要点； （2）能够绘制CRTSⅢ型板式无砟轨道板模型	（1）具有吃苦耐劳、团队协作、不断学习的精神； （2）具有较强的情绪调节、环境适应、信息处理、分析总结和组织能力； （3）具有严格按照相关规范操作的意识

任务知识

轨道是高铁运行的基础，轨道精调是通过精测控制网对轨道几何数据精密测量后进行调整，使轨道的精度满足要求。轨道精调的步骤包括：轨道精测准备，CPⅢ平面高程复测，钢轨焊接、放散及锁定，轨道几何状态检查确认，轨道几何尺寸测量，模拟试算调整，现场位置确定复核，更换扣件/扣件调整，轨道几何状态验收检查确认。一车、一仪器、一尺、一棱镜，这就是轨道精调的基本配置。轨道精调主要是保障线路稳定和动车安全运行的一项重要工作。轨道精调主要是调节钢轨的高低、水平、轨向、轨距等轨道参数，以求优化钢轨的绝对位置及相对几何尺寸状态，改善轨道的平顺性，提高轨道质量。

视频：CRTSⅢ型板式无砟轨道隔离层及轨道板铺设

知识点一 管理环节

1. 施工方案流程

CRTSⅢ型板式无砟轨道轨道板精调施工过程如表2-4-1所示。

表2-4-1 轨道板精调施工过程

序号	施工项目过程
1	施工准备
2	CPⅢ设站
3	精调单元板
4	调整自密实混凝土层钢筋焊网
5	安装限位装置
6	质量检查

2. 施工主要器械

CRTSⅢ型板式无砟轨道轨道板精调施工主要器械如表2-4-2所示。

表2-4-2　轨道板精调施工主要器械

序号	名称
1	全站仪
2	工控机
3	测量标架
4	标准标架
5	小棱镜
6	球型棱镜
7	数传电台
8	电缆线
9	供电系统
10	精调软件

知识点二　操作环节

1. 施工准备

（1）轨道板精调前，在轨道板两侧利用起吊套管安装精调装置，每块板4个，将轨道板支撑起来后取出支块，并粗调轨道板。轨道板精调装置应具有横向、纵向及高低的精确调整功能。安装精调装置后，其各向调节螺杆宜处于最大调程1/2处。

知识点测试：CRTSⅢ型板式无砟轨道轨道板精调

（2）轨道板精调施工应以CPⅢ控制点为依据，全站仪自由设站应符合相关规定。

（3）轨道板精调应采用专用的轨道板精调测量系统，并定期对精调系统进行检校。

（4）精调前，应对测量标架进行检校。标准标架每15天检校1次。

（5）轨道板精调前应输入轨道板精调相关参数和数据，并复核无误。

2. CPⅢ设站

轨道板精调测量采用全站仪自由设站，每站使用的CPⅢ控制点不应少于4对，每站精调工作范围宜在30 m以内、全站仪宜设在线路中线附近，位于所观测的CPⅢ控制点的中间，仪器架设高度不宜大于100 cm，更换测站时，相邻测站重叠观测的CPⅢ控制点不应少于2对。

3. 精调单元板

（1）轨道板精调顺序宜为先平面后高程，同一横向位置的2个精调器应同步进行调整，如图2-4-1所示。

（2）每次设站测量 4 块板，调整 3 块板，搭接 1 块板以消除错台误差。轨道板精调时须对上一块已调整好的板进行联测，既要保证单块板的绝对坐标满足要求，又要保证两块板间的相对坐标满足要求，使铺板后的线路线性达到要求。

图 2-4-1　轨道板精调

（3）曲线且处于线路纵坡地段的轨道板高程调整应兼顾四点进行调整，最高点按正偏差调整，最低点按负偏差调整，使每点的高差均在偏差允许范围内。

4. 调整自密实混凝土层钢筋焊网

检查自密实混凝土钢筋焊网位置是否调整到位、保护层垫块数量及其紧固程度，钢筋焊网不得超出板底间隙，保证自密实混凝土钢筋焊网保护层厚度。

5. 安装限位装置

轨道板精调定位后应及时安装扣压装置（图 2-4-2），确保自密实混凝土灌注时轨道板不发生上浮或纵、横向移位；并尽早灌注自密实混凝土。

图 2-4-2　轨道板固定

6. 质量检查

轨道板铺设精调定位允许偏差如表 2-4-3 所示。

表 2-4-3　轨道板铺设精调定位允许偏差

检验项目		允许偏差/mm		检验数量
中线位置		0.5		两端和中部
测点处承轨面高程		±0.5		全部检查
相邻轨道板接缝处承轨面相对横向偏差		±0.5	不允许连续 3 块以上轨道板出现同向偏差	全部检查
相邻轨道板接缝处承轨面相对高差		±0.5		全部检查
纵向位置	曲线地段	2		全部检查
	直线地段	5		全部检查

检验方法：施工单位使用专用仪器测量；监理单位检查记录。

【技能实训】

结合课程相关内容，填写表 2-4-4。

表 2-4-4　新建××铁路轨道板铺设检查记录

工程（标段）名称				施工单位		
单位工程名称				工程部位		
参考线标准		《高速铁路轨道工程施工技术规程》（Q/CR 9605—2017）				
序号	检查项目			要求	检查结果	
1	轨道板类型、规格、质量					
2	轨道板存放					
3	曲线段轨道板铺设					
4	门型钢筋绝缘材料保护					
5	固定装置安装					
6	轨道板精调定位允许偏差	高程		±0.5 mm		
7		中线		0.5 mm		
8		相邻轨道板接缝处承轨台顶面相对高差		0.5 mm		
9		相邻轨道板接缝处承轨台顶面相对平面位置		0.5 mm		
10		轨道板纵向位置	曲线地段	2 mm		
11			直线地段	5 mm		
12	铺设前隔离层检查					
13	轨道板粗铺偏差					
专职质量检查员：					年　月　日	
施工技术员：					年　月　日	
现场监理：					年　月　日	

【BIM 技术应用实战】

任务：创建 CRTS Ⅲ 型板式无砟轨道轨道板，并布置好整个轨道结构。

（1）新建族，选择公制常规模型。

（2）参照标高上绘制轨道板，选择创建工具"拉伸"。

（3）绘制轨道板廓 5 600 mm×2 500 mm，圆角弧半径 30 mm，如图 2-4-3 所示。

（4）从"属性"选项卡中选择拉伸起点为 0.0，拉伸终点为 210.0；选择材质为 C60 混凝土，完成该部分模型。

视频：CRTS Ⅲ 型板式无砟轨道轨道板建模

图纸：CRTS Ⅲ 型板式无砟轨道轨道板设计图

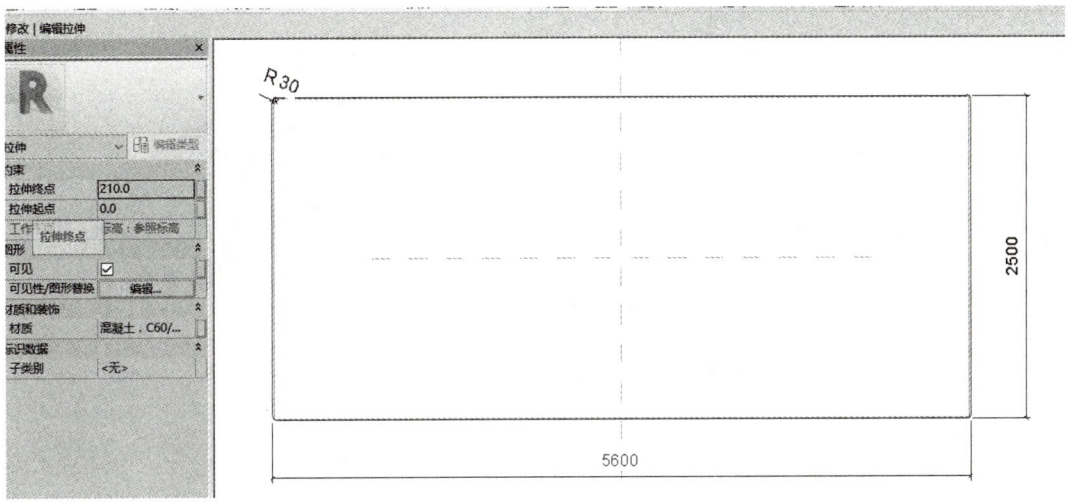

图 2-4-3　轨道板参数设置

（5）轨道板顶面利用空心放样工具，绘制倒角 10 mm×10 mm，如图 2-4-4 所示。

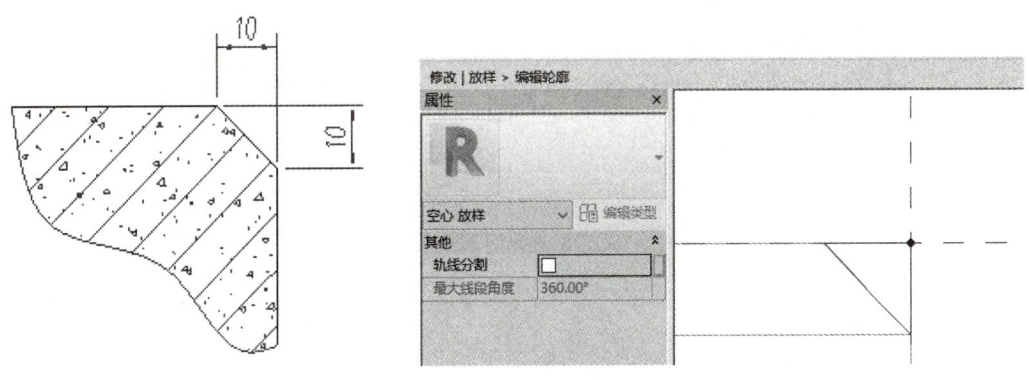

图 2-4-4　轨道板顶面倒角绘制

（6）采用空心融合命令在轨道板上绘制灌注孔和检查孔，如图 2-4-5、图 2-4-6 所示。保存为"轨道板.rfa"，最终模型如图 2-4-7 所示。

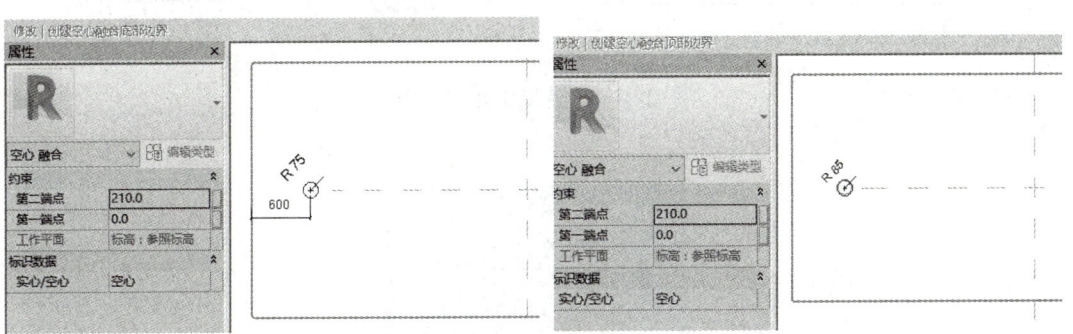

图 2-4-5　绘制孔的底部边界　　　　图 2-4-6　绘制孔的顶部边界

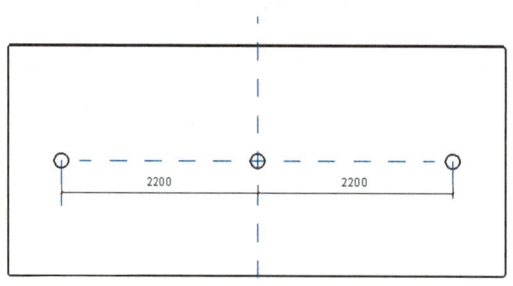 

图 2-4-7　复制或阵列后的灌注孔/检查孔

（7）绘制承台。

① 在右立面，选择拉伸命令按照图 2-4-8 所示尺寸绘制承台的立面轮廓。

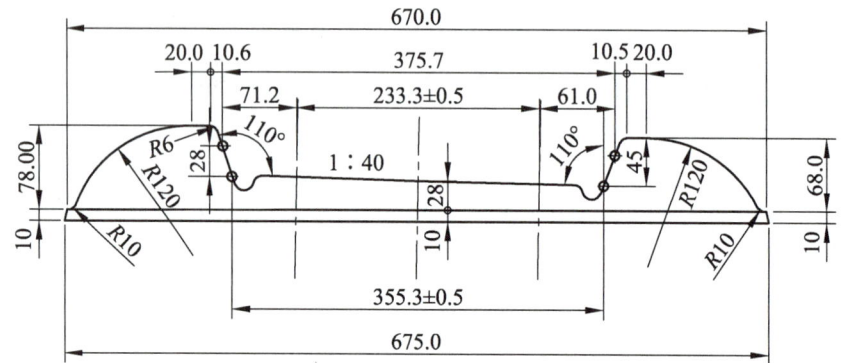

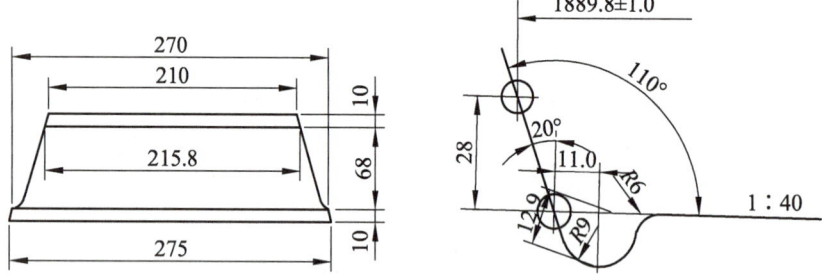

图 2-4-8　混凝土承台详图

视频：CRTSⅢ型板式无砟轨道轨道板承台建模

② 利用 CAD 绘制承台剖面图，再在右立面，选择"拉伸"—"插入"—"导入"，然后选择画好的承台轮廓 CAD，如图 2-4-9 所示，设置好拉伸厚度及承台材质。

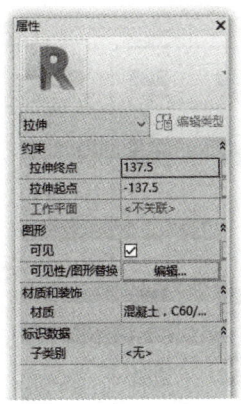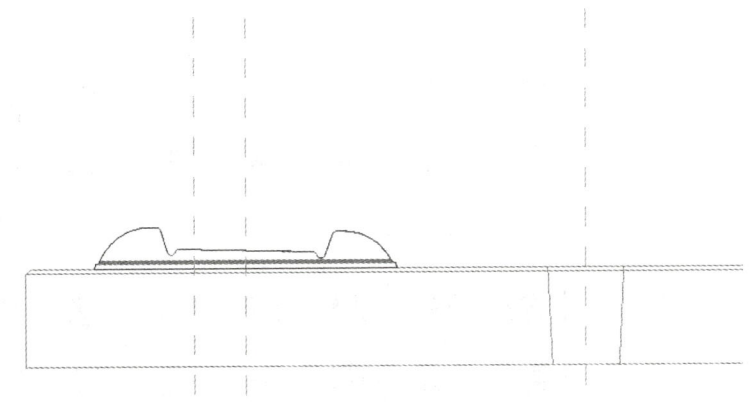

图 2-4-9 混凝土承台参数及材质设置

③ 根据承台侧面详图，采用"空心拉伸"工具，绘制承台侧面形状，如图 2-4-10 所示。

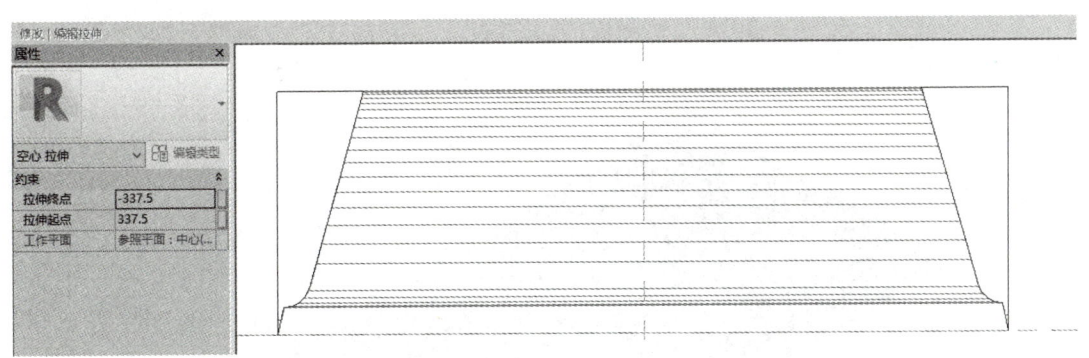

图 2-4-10 承台侧面绘制

④ 将承轨台按照 630 mm 的间距均匀地布置在轨道板顶面上。
⑤ 采用相应的空心命令绘制螺栓孔并阵列到各个承台上，螺栓尺寸如图 2-4-11 所示。

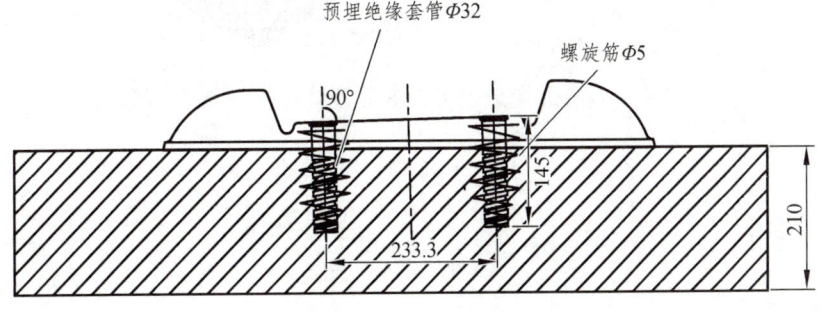

图 2-4-11 预留螺栓孔尺寸

⑥ 保存为"CRTSⅢ型轨道板.rfa",绘制完成的 CRTSⅢ型轨道板如图 2-4-12、图 2-4-13 所示。

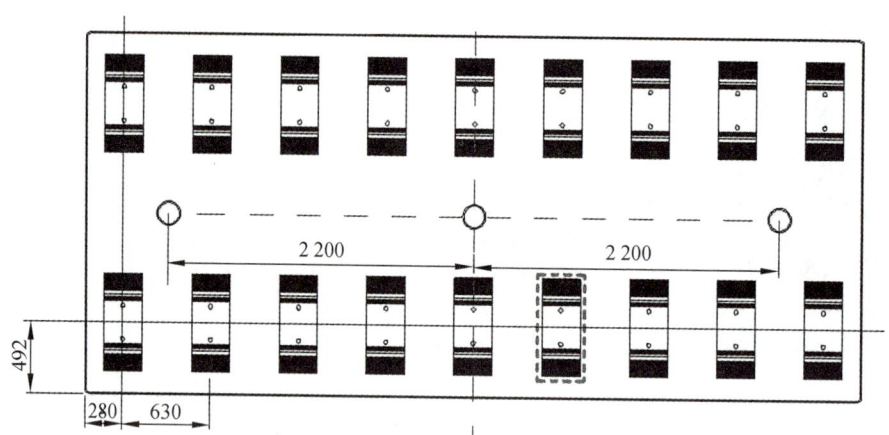

图 2-4-12　承轨台布置方式

图 2-4-13　完成的 CRTSⅢ型轨道板三维模型

【任务评价】

学习效果 （10分）	团队协作 （10分）	匠人精神 （10分）

学习点评：

任务五　自密实混凝土灌注施工

任务目标

知识目标	能力目标	素养目标
（1）了解自密实混凝土施工主要器械； （2）掌握新建铁路 CRTS Ⅲ 型板式无砟轨道自密实混凝土的特点与施工方法； （3）掌握自密实混凝土的建模方法	（1）能够进行 CRTS Ⅲ 型板式无砟轨道自密实混凝土灌注施工； （2）能够建立自密实混凝土结构模型	（1）具有吃苦耐劳、团队协作、不断学习的精神； （2）具有较强的情绪调节、环境适应、信息处理、分析总结和组织能力； （3）具有严格按照相关规范操作的意识

知识背景

现代混凝土技术已不再仅仅追求高强度，而是越来越重视工作性、体积稳定性、耐久性等的统一，即向高性能方向发展。自密实混凝土（Self-Compacting Concrete，简称 SCC）作为高性能混凝土的一种，现已成为高性能混凝土的一个重要发展方向。

视频：CRTS Ⅲ 型板式无砟轨道自密实混凝土灌注

目前自密实混凝土面临的问题主要有：

（1）自密实混凝土的性能，测试方法及量化指标还不成熟。

（2）配合比设计没有标准的流程。

（3）对原材料要求高，胶凝材料用量大，必须掺加高效减水剂，成本高。

（4）尚未能在中低强度等级混凝土中广泛应用。

（5）组成上的差异导致性能上与普通混凝土存在差异，尤其是长期的耐久性能，还需进一步研究。

知识点一　管理环节

1. 施工方案流程

CRTS Ⅲ 型板式无砟轨道自密实混凝土施工流程如表 2-5-1 所示。

2. 施工主要器械

CRTS Ⅲ 型板式无砟轨道自密实混凝土施工主要器械如表 2-5-2 所示。

表 2-5-1　自密实混凝土施工流程

序号	施工项目过程	序号	施工项目过程
1	施工准备	6	轨道板预湿
2	轨道板压紧装置安装	7	自密实混凝土灌注
3	自密实混凝土模板安装	8	养护及拆模
4	自密实混凝土拌制	9	封填灌注孔
5	自密实混凝土运输	10	质量检查

表 2-5-2　自密实混凝土施工主要器械

序号	机具材料名称	序号	机具材料名称
1	混凝土搅拌站	7	精调支座
2	混凝土输送车	8	水罐车
3	混凝土中转料仓	9	喷雾器
4	混凝土灌注料仓	10	强力吹风机
5	汽车吊	11	发电机
6	压紧、封边装置	12	跨线栈桥

3. 施工所需材料

CRTSⅢ型板式无砟轨道自密实混凝土施工材料配置如表 2-5-3 所示。

表 2-5-3　自密实混凝土施工材料配置

序号	分类	序号	分类
1	自密实混凝土钢筋网片	5	补偿收缩混凝土
2	轨道板门型筋内钢筋	6	养护剂
3	绝缘卡	7	混凝土垫块
4	自密实混凝土	8	S形筋

知识点二　操作环节

1. 施工准备

灌注前，采用精调系统再次检测轨道板标高、平面及平顺度是否满足要求，检查轨道板的固定情况。

2. 轨道板压紧装置安装

自密实混凝土灌注前，应安装轨道板扣压装置，曲线超高地段还应设置防止轨道板侧移的固定装置，防止灌注自密实混凝土时轨道板出现上浮或侧移，如图 2-5-1 所示。

知识点测试：自密实混凝土灌注施工

图 2-5-1　轨道板压紧装置

3. 自密实混凝土模板安装

（1）模板安装前应清除隔离层表面及凹槽内的杂物和积水。

（2）边模板采用定型钢模分段拼接而成，接头处采用螺栓拧紧紧固。轨道板与封边边模之间采用门型扣件横跨轨道板压紧使之封闭、密贴。

（3）应按设计位置与高程支立模板。模板安装应垂直底座、左右对称进行，防止造成轨道板偏移。模板内侧宜附一层模板布，如图 2-5-2 所示。

（4）模板安装时，应在轨道板四角和中部设置排气孔。并安装关闭卡槽钢板。模板安装必须稳固牢靠（图 2-5-3），模板内侧宜贴附一层透水模板布，在模板与底座之间的缝隙用土木布或海绵堵漏，注意要封堵密实，且不得侵入自密实混凝土层内。

图 2-5-2　缝边模板

图 2-5-3　自密实混凝土模板安装

（5）轨道板灌注孔处应设置灌注自密实混凝土用硬质下料管，观察孔处应设硬质防溢管。防溢管露出轨道板上表面高度不宜小于 30 cm。

4. 自密实混凝土拌制

（1）自密实混凝土应采用具有电子计量的集中拌制方式。

（2）拌制自密实混凝土前，应严格测定粗、细骨料含水率，并根据含水率变化情况及时调整自密实混凝土的施工配合比。一般情况，每班抽测 2 次骨料含水率，雨天应随时抽测。

（3）拌制自密实混凝土时，应按施工配合比准确称量。原材料称量的最大允许偏差：水泥、矿物掺合料等胶凝材料为±1%；外加剂为±1%；骨料为±2%；拌和用水为±1%。

（4）搅拌时，宜先向搅拌机投入细骨料、粗骨料、水泥、矿物掺合料等，搅拌均匀后，再加入拌和水、外加剂，并搅拌至均匀为止，搅拌时间不得少于 3 min。

（5）自密实混凝土正式生产前，应对自密实混凝土的拌和物性能进行开盘鉴定。应根据环境条件、混凝土运输距离及灌注设备等情况，合理确定混凝土拌和物的出机坍落扩展度（图2-5-4）、含气量、T500、泌水率和温度等性能指标。拌和物性能满足要求后方可进行自密实混凝土灌注施工。

5. 自密实混凝土运输

（1）自密实混凝土运输时应选用能确保灌注工作连续进行、运输能力与混凝土搅拌机的搅拌能力相匹配的混凝土专用运输设备。

（2）自密实混凝土的运输速率应保证施工的连续性，当罐车到达浇筑现场时，应使罐车高速旋转 20～30 s 后方可卸料。

图 2-5-4　坍落扩展度试验

（3）运输自密实混凝土过程中，应保持运输混凝土的道路平坦通畅，确保混凝土在运输过程中能够保持均匀性，运到浇筑地点不发生分层、离析和泌浆等现象。

（4）运输自密实混凝土过程中，应对运输设备采取保温隔热措施，防止局部混凝土温度升高（夏季）或受冻（冬季）。应采取适当措施防止水分进入运输容器或蒸发，严禁在运输过程中向混凝土内加水。

（5）应尽量减少自密实混凝土的转载次数和运输时间。

6. 轨道板预湿

在灌注前进行轨道板预湿（图 2-5-5），通过灌浆孔伸入轨道板进行雾状喷射，注意不得在隔离层表面形成明水、积水。

图 2-5-5　灌注前轨道板预湿

7. 自密实混凝土灌注

在轨道板两端两个观察孔插上防溢管，防止自密实混凝土从观察孔溢出。

自密实混凝土从中间孔灌注，按照"先快后慢"的原则控制自密实混凝土灌注速度。当轨道板四角卡槽流满自密实混凝土时停止灌注，使用定尺钢板关闭卡槽，如图 2-5-6 所示。

舀出灌注孔及观察孔多余自密实混凝土，并插入 S 形连接钢筋，以备后期封孔用。

图 2-5-6　自密实混凝土灌注

8. 养护及拆模

（1）灌注完成后，自密实混凝土带模养护时间不得少于 3 d。

（2）自密实混凝土终凝以后方可拆除压紧装置和防侧移固定装置，如图 2-5-7 所示。

（3）当自密实混凝土强度达到 10 MPa，且表面及棱角不因拆模而受损时，方可拆除轨道板四周模板。

图 2-5-7　自密实混凝土拆模

（4）拆模后，应对自密实混凝土采取土工布包裹、养护膜覆盖或喷养护剂等保湿养护措施，保湿养护时间不少于 14 d。在冬季和夏季拆模时，若天气发生骤然变化，应采取适当的养护措施，如图 2-5-8 所示。

（5）当自密实混凝土的强度达到 100%的设计强度后，轨道板方可承受全部设计荷载。

图 2-5-8　自密实混凝土养护

9. 封填灌注孔

自密实混凝土达到设计强度后，采用高强无收缩混凝土对轨道板灌注孔进行封填。封填灌注孔混凝土浇筑完毕，必须使封闭孔混凝土密实并略高于轨道面顶面，待混凝土达到设计强度后，应对灌注孔高出轨道板面的自密实混凝土进行平顺处理，防止雨水渗入灌注孔内，如图 2-5-9、图 2-5-10 所示。

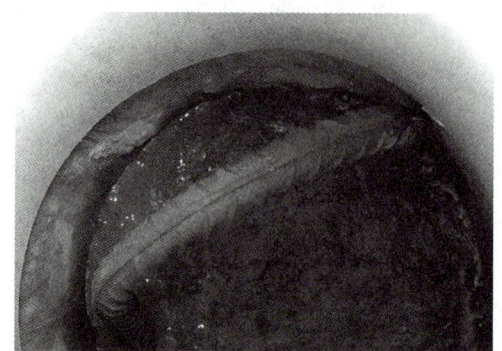

图 2-5-9　安装 S 形钢筋

图 2-5-10　灌注孔混凝土平顺处理

10. 质量检查

（1）自密实混凝土到达施工现场后，应确认混凝土强度等级、配合比等符合设计及相关要求。

检验数量：施工单位、监理单位全部检查。

检验方法：对照委托单核对拌和站提供的自密实混凝土质量证明文件。

（2）自密实混凝土的性能应符合表 2-5-4 的规定。施工前应进行配合比选定试验。

表 2-5-4　自密实混凝土的性能要求

项目		技术要求
拌合物性能	坍落扩展度	≤680 mm
	扩展时间	3~7 s
	J 环障碍高差	<18 mm
	L 型仪充填比	≥0.9
	泌水率	0
	含气量	3.0%~6.0%
	竖向膨胀率	0~1.0%
	56 d 抗压强度	≥40 MPa
	56 d 抗折强度	≥6.0 MPa
	56 d 弹性模量	3.00×10^4 MPa ~ 3.80×10^4 MPa

续表

项目		技术要求
拌合物性能	56 d 电通量	≤1 000 C
	56 d 抗盐冻性（28 次冻融循环剥落量）	≤1 000 g/m²
	58 d 干燥收缩值	≤400×10⁻⁶
	有害物质含量 — 氯离子含量	不大于胶凝材料总量的 0.1%
	有害物质含量 — 碱含量	不大于 3.0 kg/m³
	有害物质含量 — 三氧化硫含量	不大于胶凝材料总量的 4.0%

检验数量：同一基本配合比的自密实混凝土检验 1 次。

检验方法：施工单位试验检验；监理单位检查试验报告。

（3）自密实混凝土拌和物的坍落扩展度、扩展时间、含气量和泌水率应符合要求。

检验数量：坍落扩展度、扩展时间，泌水率现场每罐车检验 1 次；含气量现场每 50³ m 至少检验 1 次。

检验方法：施工单位试验检验；监理单位见证检验。

（4）自密实混凝土 56 d 抗压强度不应小于 40 MPa。

检验数量：施工单位每工作班或每灌注 100 m³ 自密实混凝土，至少检验 1 次，监理单位按施工单位检验次数的 10% 进行见证检验，但至少 1 次。

检验方法：施工单位试验检验；监理单位见证检验。

（5）自密实混凝土外露面不应有露筋、裂纹、空洞、蜂窝、麻面等缺陷。侧面应平整，凸出或浇进轨道板边缘的自密实混凝土厚度不应大于 10 mm。

检验数量：施工单位块轨道板检。

检验方法：观察检查、尺量。

（6）灌注孔、观察孔混凝土表面应高出轨道板表面，且不宜超过 10 mm。并应抹光与轨道板平顺衔接，不积水，表面应无裂缝、离缝，其他位置允许偏差如表 2-5-5 所示。

检验数量：施工单位全部检查。

检验方法：观察检查。

表 2-5-5　自密实混凝土灌注后轨道板位置允许偏差

序号	检查项目		允许偏/mm	备注
1	高程		±2	
2	中线		2	
3	相邻轨道板接缝处承轨台顶面相对高差		1	不允许连续 3 块以上轨道板出现同向偏差
4	相邻轨道板接缝处承轨台顶面相对平面位置		1	
5	轨道板纵向位置	曲线地段	5	
		直线地段	10	

【BIM 技术应用实战】

任务：CRTSⅢ型板式无砟轨道布置。

（1）"新建项目"—"结构样板"，绘制轨道标高（图 2-5-11）和轴网（图 2-5-12）。

（2）将各结构插入对应的标高和轴网中。

① 将底座居中放置在底座标高上，如图 2-5-13 所示。

② 将隔离层居中放置在底座上，如图 2-5-14 所示。

③ 将弹性垫层放置在凹槽四周侧壁，如图 2-5-15 所示。

视频：CRTSⅢ型板式无砟轨道布置

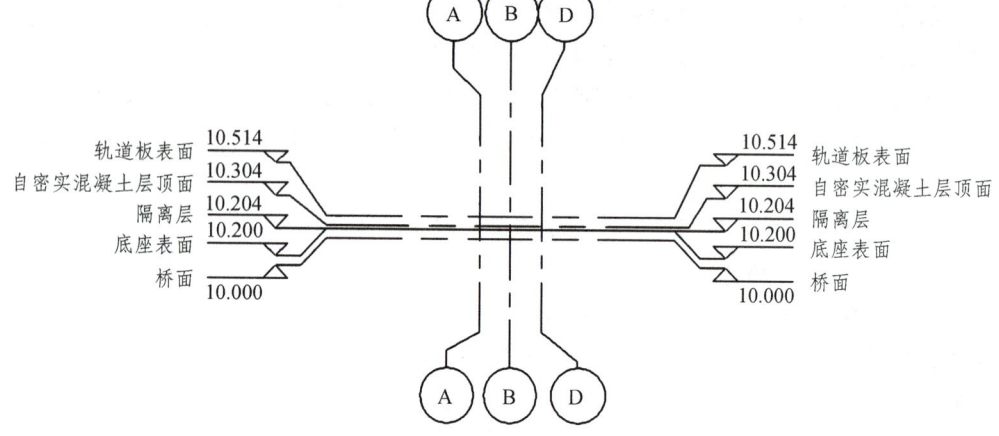

图 2-5-11 标高（桥面标高为假设）

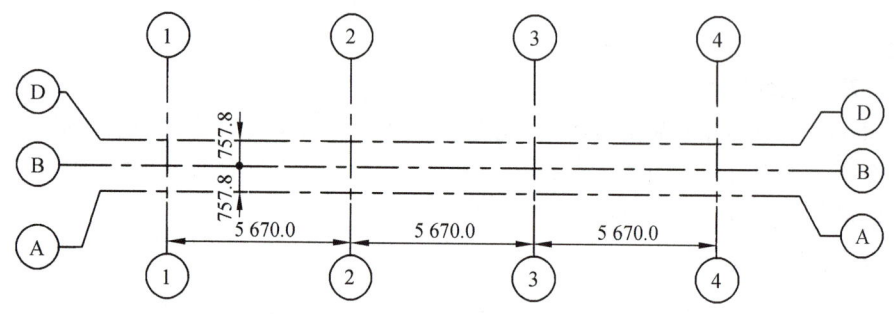

图 2-5-12 轴网

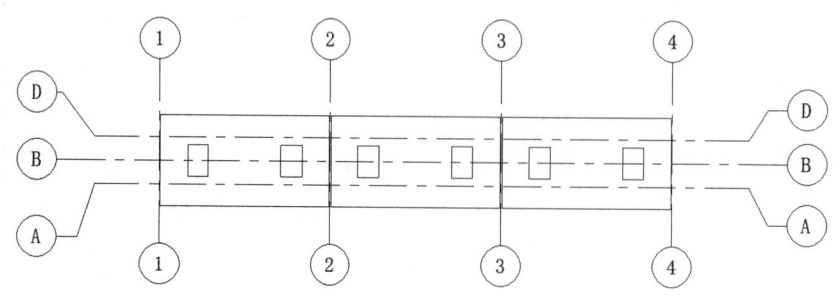
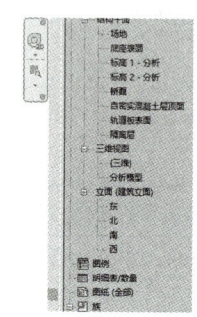

图 2-5-13　布置好的底座

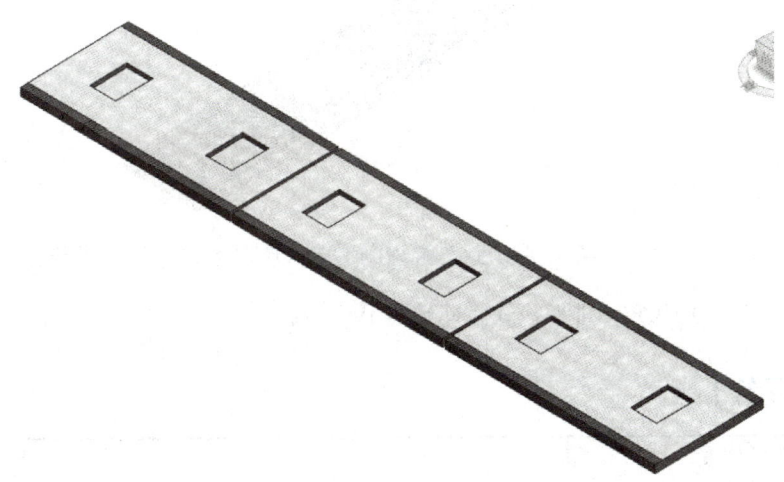

图 2-5-14　布置好的隔离层

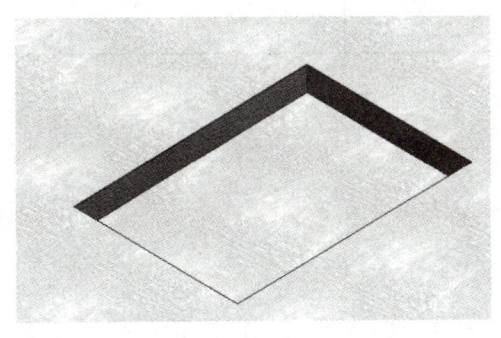　　　　　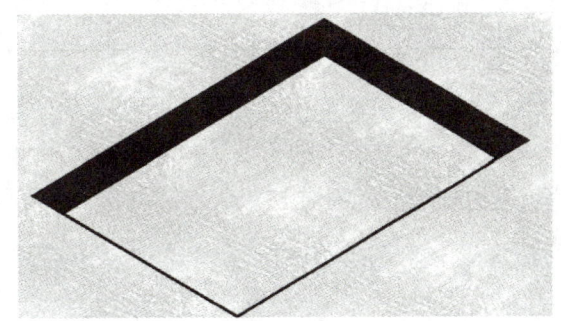

　　　（a）布置前　　　　　　　　　（b）布置后

图 2-5-15　凹槽四周布置弹性垫层

④ 将轨道板居中放置在轨道板标高上，如图 2-5-16 所示。

⑤ 将自密实混凝土层居中放置在底座和轨道板之间，如图 2-5-17 所示。

图 2-5-16　轨道板布置后视图

图 2-5-17　自密实混凝土布置后的 CRTS Ⅲ 型板式无砟轨道模型

（3）保存文件为"CRTS Ⅲ 型板式无砟轨道.rvt"。

【任务评价】

学习效果 （10分）	团队协作 （10分）	匠人精神 （10分）

学习点评：

项目三　CRTS 双块式无砟轨道及其 BIM 技术应用

任务目标

知识目标	能力目标	素养目标
（1）辨识 CRTS 双块式无砟轨道； （2）了解轨排支撑架法和框架法的异同点； （3）掌握双块式无砟轨道施工过程； （4）掌握 CRTS 双块式无砟轨道的建模方法	（1）能够进行双块式无砟轨道路基段支承层和桥梁段底座施工； （2）能够利用双块式无砟轨道轨排支撑架法和框架法进行轨排组装、调整及固定； （3）能够进行双块式无砟轨道隔离层及弹性垫层施工； （4）能够完成 CRTS 双块式无砟轨道模型绘制	（1）具有吃苦耐劳、团队协作、不断学习的精神； （2）具有较强的情绪调节、环境适应、信息处理、分析总结和组织能力； （3）具有严格按照相关规范操作的意识

案例引入

双块式无砟轨道是将预制的双块式轨枕组装成排轨，现场浇入混凝土形成均匀连续的钢筋混凝土道床，一次性成型的轨道结构。

武广客运专线，简称武广高铁，是京广客运专线、武深高铁、京港客运专线的南段（武汉—广州段），是中国"四纵四横"客运专线网中，第一个开通的列车 350 km/h 的高速铁路。武广高铁位于湖北、湖南和广东境内，全长 1 069 km，投资总额 1 166 亿元，该线的无砟轨道采用从德国睿铁公司引进的 RHEDA 2000 双块式无砟轨道技术，该技术作为一项全新的施工工艺，首次大面积应用于客运专线，对施工工艺工法的经验积累，对技术标准的总结，都为我国铁路发展提供了强有力的技术支持和宝贵的施工经验。

视频：CRTS 双块式无砟轨道结构

任务一 支承层施工

任务目标

知识目标	能力目标	素养目标
（1）了解双块式无砟轨道支承层施工的主要器械； （2）掌握CRTS双块式无砟轨道支承层的作用与施工方法； （3）掌握CRTS双块式无砟轨道支承层建模方法	（1）知道支承层质量检查要点； （2）能够指导双块式无砟轨道路基段支承层施工； （3）能够建立CRTS双块式无砟轨道支承层三维模型	（1）具有吃苦耐劳、团队协作、不断学习的精神； （2）具有较强的情绪调节、环境适应、信息处理、分析总结和组织能力； （3）具有严格按照相关规范操作的意识

任务知识

目前，我国高速铁路已经在普遍使用无砟轨道系统，而位于无砟轨道道床板与路基基床表层之间的支承层在承载力、扩散应力以及抗弯能力方面起到了重要作用。路基支承层是双块式无砟道床最底部的结构（图3-1-1），我国提出了以滑模摊铺法施工为主，摊铺碾压法及模筑法施工为辅的施工工艺。

图 3-1-1 支承层（路基地段）

视频：CRTS双块式无砟轨道支承层（底座）施工

知识点一 管理环节

1. 施工方案流程

CRTS双块式无砟轨道支承层施工流程如表3-1-1所示。

表 3-1-1 支承层施工流程

序号	项目过程	序号	项目过程
1	施工准备	5	拉毛及修整
2	基础面清理及湿润	6	拆除模板
3	放样、安装模板	7	切缝、覆盖养生
4	混凝土施工	8	质量验收

2. 施工主要工具器械

CRTS双块式无砟轨道支承层施工主要工具器械如表3-1-2所示。

表 3-1-2　施工主要工具器械

序号	设备名称	序号	设备名称
1	泵车	18	扳手
2	可变跨龙门吊	19	塑料保护套
3	汽车吊	20	撬棍
4	双头电动扳手	21	斜口钳
5	电焊机	22	土工布
6	发电机	23	防尘罩
7	电钻	24	养生桶
8	混凝土切割机	25	高压水枪
9	平板车	26	抹子
10	工具轨	27	钢筋切断机
11	螺杆调节器	28	钢筋弯曲机
12	轨向锁定器	29	切割机
13	纵横向模板	30	砂轮机
14	纵向模板三角支承架	31	徕卡全站仪
15	手动内六角扳手	32	电子水准仪
16	振捣棒	33	电阻仪
17	起道机		

知识点二　操作环节

1. 施工准备

（1）支承层施工宜采用滑模摊铺机进行，对于长度较短、外形不规则、有大量预埋件或在支承层上设置超高的地段，也可采用模筑法施工。长大路基地段支承层应采用滑模摊铺机施工。采用滑模摊铺机摊铺施工时，支承层材料应采用水硬性混合料。采用模筑法施工时，支承层材料应采用低塑性水泥混凝土。

知识点测试：CRTS双块式无砟轨道支承层

（2）支承层原材料及支承层材料技术求应符合规定。

（3）正式施工前应选定一段进行工艺性试验，检测支承层指标要求，以及外观质量与支承层施工机械工作性能的匹配。根据试验情况，调整施工配合比及各种工艺参数。

（4）正式施工前，应根据施工进度、运量、运距及路况，配置运输车型和数量。

（5）水硬性混合料或低塑性水泥混凝土在由拌和站集中生产搅拌前，应严格测定骨料的含水率，按测定结果及时调整施工合比，同时严格把控原材料的计量精度。在拌制过程中，不得使用表面沾染尘土和局部暴晒过热的骨料。

（6）水硬性混合料或低塑性水泥混凝土拌和物应均匀、色泽一致，有生料，成团现象的非均匀拌和物严禁用于施工。

（7）气温低于 5 ℃ 或雨雪天气时，不应进行支承层施工。

2. 基础面清理及湿润

支承层施工前，应将支承层范围内的基床表层清扫干净并适度湿润，但不得有积水，并至少保湿 2 h。

3. 放样、安装模板

（1）测量放样。

根据原线路坐标及 CPⅢ 的布置，由测量人员按施工精度要求放出支承层边线，每隔 5 ~ 10 m 打上钢钎，并在钢钎上用红油漆标上支承层顶面高程位置，再由施工员弹出墨线用来指导模板定位。

（2）安装模板。

支承层施工前，根据 CPⅢ 控制点按 5 m 间距测放支承层模板放样点，作为模板支立控制标准。

模板安装要稳定牢固，模板中线位置允许偏差为 5 mm，顶面高程允许偏差为 -5 ~ 2 mm，模板安装宽度允许偏差为 0 ~ 10 mm。相邻模板间平面及高低错缝不得大于 1 mm。模板平整度应达到 5 mm/2 m。根据横向切缝不得与轨道板板缝重叠的原则，在支承层模板安装时，将轨道板板缝位置放样在模板上，并做醒目标志。

4. 混凝土施工

（1）混凝土拌制、运输。

混凝土采用强制式搅拌机搅拌。搅拌前应严格测定骨料的含水率，及时调整施工配合比。一般情况下，每班抽测 2 次含水率，雨天应随时抽测，并按测定结果及时调整施工配合比。

拌制完成的混凝土使用混凝土运输车运输至施工现场。

混凝土按施工配合比由拌和站集中拌和，混凝土运输车输送至现场。在混凝土浇筑时，采用喷雾器人工将路基表层表面充分湿润，并不得积水。混凝土运输车进入正线后倒退模板尾端溜槽卸料浇筑，应一次布料到位，并且卸料高度不得大于 1 m，及时采用插入式振捣器进行捣固。捣固以混凝土表层出现液化状态为宜，不得过振，避免漏振。

支承层尽量做到连续施工，因外界因素而中断后应设施工缝。施工缝要设端模板，留直茬，但表面一定要粗糙，对接缝表面进行凿毛，并保持湿润，在下次浇筑混凝土前清理干净施工缝处的松散骨料，再次湿润，以保证新老混凝土能更好的黏结。

（2）混凝土浇筑。

① 混凝土运至施工现场前，应对基床表层级配碎石洒水湿润，保持 2 h 以上，但级配碎石表面不得积水。

② 混凝土运输车应慢速行车卸料，避免集中卸料造成堆积离析。

③ 混合料入模后，首先用振动棒振捣，振捣时间以混凝土表层出现液化状态为宜，不得

过振，避免漏振。根据现场需要，再对面层辅助以平板振捣器振捣，最后采用滚筒提浆整平，人工抹出适当的排水坡。在提浆整平的同时，严格按照支承层验收标准，进行相关高程及平整度控制。

当浇筑停顿时间超过混凝土初凝时间时，应中断浇筑。施工缝位于切缝或两切缝中心，垂直于轨道中心线，施工缝设置为直立面，并不得与轨道板板缝重叠。再次浇筑时，将施工缝处的松散骨料剔除，并用水将接触面湿润。

5. 拉毛及修整

初凝前，支承层表面应按设计要求进行拉毛处理，拉毛深度宜为 1.5~2.0 mm，拉毛纹路应均匀、清晰、整齐，道床板宽度范围以外按设计要求设置排水坡，并压光收面。

6. 拆除模板

支承层拆模时间应不小于 24 h，模板拆除应保证混凝土表面及棱角不受损伤。拆模后支承层表面应平整，颜色均匀。支承层外形尺寸允许偏差如表 3-1-3 所示。

表 3-1-3　支承层外形尺寸允许偏差及检验方法

序号	检查项目	允许偏差	检验方法
1	厚度	±20 mm	尺测
2	中线位置	10 mm	全站仪
3	宽度	0~15 mm	尺测
4	顶面高程	−15~5 mm	水准仪
5	平整度	10 mm/3 m	4 m 直尺
6	两侧排水坡宽度	0~15 mm	尺测
7	两侧排水坡度	−0.04 mm	水准仪

混凝土浇筑完成及时进行湿润养护，浇筑一段，养护一段。养护采用覆盖潮湿的粗麻布、无纺布等方式进行，也可采用塑料布进行封闭保湿。养护时间不少于 7 d。

混凝土在养护强度未达到设计强度的75%之前，严禁在表面通行车辆；待混凝土强度达到 2.5 MPa 后，开始拆除模板。拆模时严禁强拉硬拽，防止混凝土表面受损和模板变形，拆下的模板派专人进行清理，倒运至下一循环使用。拆模的过程中不得中断混凝土的养护工作。浇筑完成的支承层在 7 d 内不得受冻，当气温低于 0 ℃时，应采取保温措施。

支承层混凝土拆完模板后，应对其外形尺寸按允许偏差及检验方法进行检验，对混凝土表面出现的麻面和气泡采用同等级混凝土强度的水泥砂浆进行抹面。对麻面或气泡较深的部位，要用抹刀将水泥砂浆填充饱满并压实，初凝后再进行一次抹面收光。混凝土结构存在空洞或蜂窝麻面时，要用钢钎将蜂窝部位或空洞周边的混凝土按规定形状全部凿除，直到混凝土密实部位；同时在外露边缘用切割机切割深度不小于 2 cm 的接触面。清除完毕后安装模板，采用不低于原标号的混凝土填补，振捣密实收面。混凝土表面出现裂纹，采用裂纹修补剂处理，先用水泥粉填充裂缝，然后用裂缝修补剂进行表面涂刷，最后用湿布遮盖养护。

7. 切缝、覆盖养生

当采用滑模摊铺法施工时,应在 12 h 内进行横向切缝;当采用模筑法施工时,应在 24 h 内进行横向切缝。横向切缝间距宜为 5 m,切缝宽度宜为 3~5 mm,缝深不应小于支承层厚度的 1/3。

每个工作班结束时的施工缝宜设置在切缝处。施工缝必须做成直立面,并且垂直于轨道轴线,混凝土浇筑完成后,拆除端模,及时进行人工修整凿毛;当混凝土浇筑停顿时间超过混凝土初凝时间时,应中断浇筑,留作施工缝,再次浇筑时,将施工缝处的松散骨料剔除,将杂物清理干净,并用水将接触面湿润。

支承层摊铺或浇筑完成后应喷涂养护剂或洒水并覆盖进行保湿养护,养护时间不应少于 7 d。当气温低于 0 ℃ 时,应采取保温措施。

8. 混凝土冬季施工

当昼夜平均气温低于+5 ℃ 或最低气温低于-3 ℃ 时,按冬季施工执行。
(1)冬季施工准备工作。
①掌握施工地区的冬季气象资料,并与气象部门联系,及时了解气象变化情况。
②备齐冬季施工所需的工程材料、防寒材料、燃料及必要的机具设备等。
(2)冬季混凝土灌注。
①冬季浇筑混凝土采用"暖棚法"施工,暖棚四周围护严密,不得漏风。暖棚内应采用有效加热设备升温,确保棚内温度不低于 5 ℃。
②应控制混凝土的入模温度,不应低于 5 ℃,环境为负温时,混凝土的入模温度不应低于 10 ℃。

9. 质量检查

(1)支承层材料的性能应符合高速铁路无砟轨道支承层的规定。施工前应进行配合比选定试验。

检验数量:同一基本配合比的支承层材料检验 1 次。

检验方法:施工单位试验检验;监理单位检查试验报告。

(2)支承层摊铺前应确认混合料强度配合比等符合设计及相关要求。

检验数量:施工单位、监理单位全部检查。

检验方法:对照委托单核对混合料质量证明文件。

(3)支承层压实系数不应小于 0.98。

检验数量:施工单位每 500 m 检验一次;监理单位按施工单位检验数量的 10%进行见证检验,但至少 1 次。

检验方法:施工单位试验检验;监理单位见证检验。

(4)支承层 28 d 单个芯样抗压强度不应小于 6 MPa,28 d 单组芯样抗压强度不应小于 8 MPa。

检验数量:施工单位每 500 m 检验 1 次;监理单位按施工单位检验数量的 10%进行见证检验,但至少 1 次。

检验方法：施工单位试验检验；监理单位见证检验。

（5）支承层外形尺寸允许偏差如表 3-1-4 所示。

表 3-1-4　支承层外形尺寸允许偏差及检验方法

序号	检查项目	允许偏差
1	厚度	±20 mm
2	中线位置	10 mm
3	宽度	0～15 mm
4	顶面高程	−15～5 mm
5	平整度	10 mm/3 m
6	两侧排水坡宽度	0～15 mm
7	两侧排水坡度	−0.04 mm

检验数量：施工单位每 50 m 检查 1 处。

检验方法：使用专用仪器测量。

（6）支承层横向切缝间距宜为 5 m，且与线下构筑物结构缝对齐。切缝宽度宜为 3～5 mm，缝深不应小于支承层厚度的 1/3。

检验数量：施工单位全部检查。

检验方法：尺量、观察检查。

（7）支承层表面应平整、颜色均匀，不应有疏松及缺棱掉角等缺陷，道床板或轨道板宽度范围内的支承层表面应进行拉毛处理，拉毛纹路应均匀清晰、整齐。

检验数量：施工单位全部检查。

检验方法：观察检查。

【技能实训】

根据课程内容，填写表 3-1-5。

【BIM 技术应用实战】

任务：创建 CRTS 双块式无砟轨道路基地段支承层。

（1）新建族，选择公制常规模型。

（2）参照标高上绘制支承层，选择创建工具"拉伸"。

（3）绘制支承层平面轮廓 20 000 mm × 3 400 mm。

（4）从"属性"选项卡中选择拉伸起点为 0.0，拉伸终点为 300.0；选择材质为 C15 混凝土。

（5）完成该部分模型。

（6）选择立面：右，选择创建工具"空心拉伸"，在参照标高上绘制支承层两侧排水坡，如图 3-1-2 所示。

视频：CRTS 双块式无砟轨道路基地段支承层建模

表 3-1-5　支承层（引导线或模板）检验批质量验收记录

单位工程名称					
分部工程名称					
分项工程名称					
施工单位				项目负责人	
参考标准	《高速铁路轨道工程施工质量验收标准》（TB 10754—2018）				
	施工质量验收标准的规定			施工单位检查评定记录	监理单位验收记录
一般项目	1	支承层外观质量	第6.2.7条		
	2	支承层外形尺寸允许偏差/mm	厚度　±20		
			中线位置　10		
			宽度　0～15		
			顶面高度　-15～5		
			平整度　10（每4 m）		
	3	支承层横向切缝深度、间距、位置	第6.2.6条		
	4	轨道板宽度范围内支承层表面的拉毛处理	第6.2.7条		
施工作业人员质量责任登记	各工序工班长（实名制信息录入人员）				
施工单位检查评定结果	专职质量检查员：　　　　　　　　　　　　　　　　年　月　日 分项工程技术负责人：　　　　　　　　　　　　　　年　月　日 分项工程负责人：　　　　　　　　　　　　　　　　年　月　日				
监理单位验收结论	监理工程师：　　　　　　　　　　　　　　　　　　年　月　日				

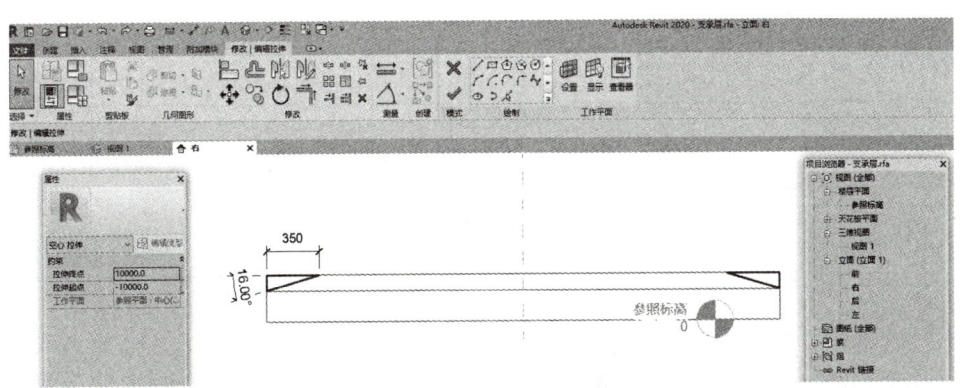

图 3-1-2 支承层排水坡尺寸

（7）选择立面：右，选择创建工具"空心拉伸"，在参照标高上绘制支承层切缝，如图 3-1-3 所示。

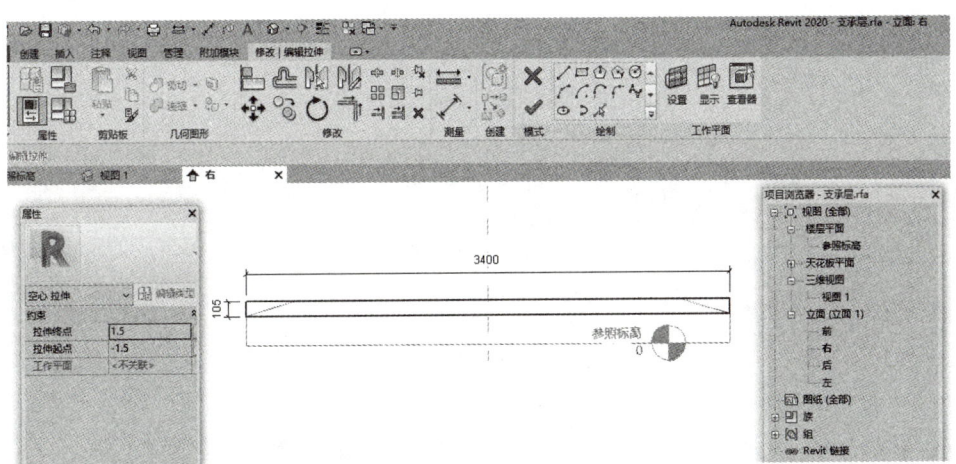

图 3-1-3 支承层切缝

（8）完成模型，如图 3-1-4 所示，并保存为"支承层.rfa"。

图 3-1-4 完成的支承层模型

【任务评价】

学习效果 （10分）	团队协作 （10分）	匠人精神 （10分）

学习点评：

任务二 混凝土底座及限位凹槽施工

任务目标

知识目标	能力目标	素养目标
（1）了解双块式无砟轨道混凝土底座及限位凹槽施工主要机具； （2）掌握双块式无砟轨道混凝土底座及限位凹槽的施工过程； （3）掌握双块式无砟轨道混凝土底座及限位凹槽的建模方法	（1）能够进行双块式无砟轨道桥梁段底座施工； （2）能够完成双块式无砟轨道混凝土底座及限位凹槽模型； （3）掌握双块式无砟轨道混凝土底座及限位凹槽的质量检查要点	（1）具有吃苦耐劳、团队协作、不断学习的精神； （2）具有较强的情绪调节、环境适应、信息处理、分析总结和组织能力； （3）具有严格按照相关规范操作的意识

任务知识

混凝土底座及限位凹槽构造如图 3-2-1、图 3-2-2 所示。混凝土底座及限位凹槽的施工控制环节主要为模板安装、钢筋绑扎及混凝土的浇筑。

视频：CRTSⅢ型板式无砟轨道支承层（底座）施工

图 3-2-1　CRTS 双块式无砟轨道

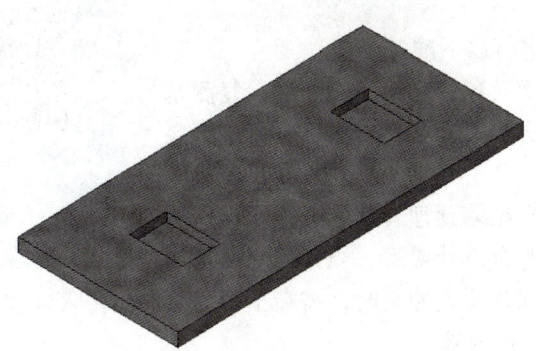

图 3-2-2　底座及限位凹槽

知识点一　管理环节

1. 施工方案流程

双块式无砟轨道混凝土底座及限位凹槽施工流程如表 3-2-1 所示。

表 3-2-1　施工流程

序号	项目过程	序号	项目过程
1	施工准备	5	底座混凝土浇筑
2	测量放样	6	混凝土养护
3	钢筋安装	7	拆除模板
4	底座及凹槽模板安装	8	质量控制及检测

2. 施工主要工具器械

双块式无砟轨道混凝土底座及限位凹槽施工主要机具如表 3-2-2 所示。

表 3-2-2　施工主要工具器械

序号	设备名称	序号	设备名称
1	钢筋切割机	7	泵车
2	钢筋弯曲机	8	振动棒
3	电焊机	9	抹泥板、泥刀
4	发电机	10	养护汽车
5	平板拖车	11	滚丝机
6	混凝土运输车		

知识点二　操作环节

1. 施工准备

混凝土底座及凹槽施工前应进行以下准备工作：

（1）底座施工前应清理基础面及预埋套筒内的杂物，复测基础面中线高程平整度，确认其符合相关标准规定后，方可进行底座施工。

（2）当梁面预埋套筒时，应在梁体预埋套筒旋入连接钢筋，连接钢筋拧入预埋套筒的深度应符合设计要求。当预埋套筒被堵塞、失效或预埋套筒位置与钢筋网片位置冲突时，需在预埋套筒周围植入连接钢筋，植筋的材料、数量、位置和深度应满足设计要求。

（3）轨道中心线 2.6 m 范围内，梁面拉毛质量应符合相关标准要求，拉毛不符合要求时，

知识点测试：CRTS 双块式无砟轨道混凝土底座及限位凹槽施工

应按设计要求进行现场凿毛处理。浮渣、碎片、油渍应清除干净，表面无积水。

2. 测量放样

测量放样应符合下列规定：

（1）测量放样前应按要求采用布板软件进行布板修正计算，确定左右线底座位置。底座端部与梁端伸缩缝的相对位置应符合设计要求。

（2）底座及凹槽边线放样应通过CPⅢ控制点进行，做好标记，并对每个标记点进行高程测量，作为底座立模依据。

（3）曲线地段除应考虑曲线超高的设计要求外，平面位置还需考虑相对轨道中心线的偏移。

3. 钢筋安装

（1）钢筋安装。

钢筋安装应符合下列规定：

① 钢筋焊接网应按验收标准规定进行进场检验，包括外形尺寸、外观质量、质量、抗拉强度和抗剪强度，符合要求后方可用于施工。

② 钢筋焊接网在运输和储存过程中应下垫上盖，防止锈蚀、污染、变形、开焊。运输时，应捆扎整齐、牢固，每捆重量不宜超过2 t，必要时应加刚性支撑或支架。钢筋焊接网应按施工要求堆放，并应有明显的标志。钢筋到场后应及时使用。

③ 当梁面预埋套筒时，应在梁体预埋套筒旋入连接钢筋，连接钢筋拧入预埋套筒的深度、拧紧扭矩应符合设计要求。当预埋套筒被堵塞、失效或预埋套筒位置与钢筋网片位置冲突时，需在预埋套筒周围植入连接钢筋，植筋的材料、数量、位置和深度应满足设计要求。

④ 钢筋焊接网应按设计位置安装，安装时应兼顾凹槽位置，将底座上下层钢筋网片、架立筋及预埋连接钢筋绑扎成整体，在钢筋焊接网及连接钢筋的每个交叉节点处，均应采用钢丝进行绑扎；上下两层钢筋网应绑扎定位，每2 m²不少于1个绑扎点。若网片与连接钢筋相碰可适当调整钢筋网片位置。

⑤ 钢筋焊接网之间应采用平搭法，搭接长度符合设计要求及《钢筋焊接网混凝土结构技术规程》（JGJ 114—2014）的规定。

（2）底座钢筋网现场绑扎。

底座钢筋网现场绑扎时应符合下列规定：

① 底座钢筋的规格及型号应符合设计要求，半成品加工好后，分类存放，挂牌标识。

② 加工好的钢筋运输至施工地点，分类堆码在相应需用区域的线间。

③ 钢筋安装前，按不少于4个/m²设置保护层垫块，并均匀分布，设置牢固。先铺设底座纵向钢筋再铺设横向钢筋，钢筋绑扎完毕后，不得踩踏。

④ 底座钢筋绑扎时应兼顾凹槽位置，不得影响凹槽模板安装。

4. 底座和凹槽模板安装

底座及凹槽模板安装应符合下列规定：

（1）模板及支架应有足够的强度、刚度和稳定性，能承受底座混凝土侧压力及施工中产生的荷载，满足对底座高程的控制要求。

（2）按设计位置与高程支立底座及凹槽模板。底座模板应垂直安装，模板及支架安装应稳固牢靠，接缝严密，不得漏浆。模板与混凝土的接触面应清理干净并涂刷隔离剂。

（3）曲线地段模板高度应满足曲线超高的设计要求，混凝土底座中线位置应考虑向外的偏移量。凹槽模板应定位准确，安装牢固，防止施工中模板上浮。

5. 底座混凝土浇筑

（1）混凝土现场浇筑。

混凝土现场浇筑应符合下列规定：

① 混凝土用原材料、配合比设计、拌制、运输、浇筑及钢筋连接、安装等均应符合《铁路混凝土工程施工质量验收标准》（TB 10424—2018）规定。钢筋的绑扎应按要求进行绝缘处理，还须对绝缘性能进行检查确认。

② 混凝土应由拌和站集中拌和，搅拌车运输。对每车混凝土做坍落度检查，坍落度应满足设计要求。

③ 应根据施工进度、运量、运距及路况，选配混凝土运输用车型和数量。

④ 拌制混凝土应按配合比准确称量。混凝土在拌制过程中应严格控制坍落度，每班测定不应少于2次。当混凝土运输距离较长时，应在拌制和浇筑现场分别检查。

⑤ 混凝土的强度等级应符合设计规定。混凝土浇筑时，应留取强度检验试件。同一配合比每班次应至少取1组检验试件。混凝土强度的检验评定应符合《铁路混凝土强度检验评定标准》（TB 10425—2019）和设计文件有关规定。

⑥ 当工地昼夜平均气温连续3d低于5 ℃或最低气温低于-3 ℃时，应采取冬期施工措施，混凝土的入模温度不应低于5 ℃；当工地昼夜平均气温高于30 ℃时，应采取夏期施工措施，混凝土入模时的温度不宜超过30 ℃。

⑦ 各种类型的无砟轨道混凝土底座施工时，底座模板宜采用可调高模板，确保模板顶面高程无级可调，达到规范要求。

⑧ 模板安装应稳固牢靠，内侧面应平整，接缝应严密。模板与混凝土的接触面必须清理干净，并涂刷隔离剂。

⑨ 混凝土浇筑时的自由倾落高度不宜大于2 m，当大于2 m时，应采用滑槽、溜管等设施辅助下落。出料口距混凝土浇筑面的高度不宜超过1 m，保证混凝土不出现离析现象。

⑩ 底座板混凝土应按施组分段，一次连续浇筑完成，不得中断。

⑪ 在混凝土浇筑期间，应设专人检查支架、模板、钢筋和预埋件等的稳定情况，发现有松动、变形、移位时应及时处理。

⑫ 混凝土施工缝的界面应与线路中心线垂直，施工缝宜设在设计伸编缝处，不得随意留置施工缝。

（2）底座混凝土施工。

底座混凝土施工应符合下列规定：

① 混凝土入模前应彻底清理模板范围内的杂物，并对基础面喷水湿润，但不得积水。

② 底座混凝土浇筑前应再次检查确认模板、钢筋、限位凹槽和伸缩缝的位置状态，满足设计要求后方可进行混凝土施工。

③ 混凝土布料时宜先浇筑凹槽四角部位，防止凹槽四角混凝土开裂。混凝土浇筑应一次

成型，中间不应留施工缝。混凝土入模后采用插入式捣固棒振捣，应注意避免漏捣、过振；凹槽四周应振捣密实。振捣后，用振动梁提浆整平或人工用长刮尺收浆搓平。

④混凝土浇筑过程中应检查模板支撑的稳定性和接缝的密合情况。

⑤底座混凝土浇筑后应及时抹面，并严格控制顶面高程、平整度和横向排水坡。在混凝土初凝后终凝前应进行二次抹面，二次抹面时间根据混凝土配制的终凝时间确定。

⑥混凝土浇筑完成后，应及时清除限位凹槽内杂物积水，并在限位凹槽顶面进行覆盖。

⑦桥上底座混凝土表面出现晶莹光泽时利用木抹根据现场技术人员提供的断面标高交底进行收面，2 h后利用铁抹收面，应保证表面平整，利用3 m的靠尺检测，保证满足10 mm/3 m的要求，收面时严禁洒水收面。混凝土收面完成后，应覆盖土工膜进行保湿养护。养护时间应根据不同气候条件按工艺试验要求进行。

（3）底座板混凝土养护。

混凝土浇筑后，应避免与流动水相接触，并在12 h内覆盖和洒水养护，洒水次数应能保持混凝土处于润湿状态。当环境温度低于5 ℃时，禁止洒水养护，可在混凝土表面喷涂养护液养护，并采取适当保温措施。养护期一般不少于7 d。掺用缓凝剂等的混凝土养护期按规定适当延长。

在养护期间，养护水温与混凝土表面温度之差不得大于15 ℃，以防止混凝土养护期间表面温度受环境因素影响（如暴晒、气温骤降等）而发生剧烈变化。养护期间混凝土的芯部与表层、表面与环境之间的温差不宜超过15 ℃。

在混凝土养护强度未达到设计强度的75%之前，严禁在表面行走车辆。

6. 混凝土拆模

（1）侧模应在混凝土强度达到2.5 MPa，其表面及棱角不因拆模而受损时，方可拆模。拆模时严禁采用强拉硬拽的方式拆除模板，防止混凝土表面受损和模板变形，拆下的模板派专人进行清理，倒运至下一循环使用。拆模的过程中不得中断混凝土的养护工作。模板拆除后，混凝土结构表面应密实、平整、颜色均匀，不得有漏筋、蜂窝、孔洞、疏松、麻面和缺棱掉角等缺陷。

（2）在模板拆除过程中防止工人野蛮施工；后续施工过程中应避免施工机具及模板等碰撞损坏成品；养护用水不能污染底座板表面。对现场施工人员进行培训，提高成品保护意识。

7. 质量检查

（1）各种原材料必须符合规范要求，且检验合格后方可投入使用。

（2）仔细放样，复核模板平面位置及顶面标高，且现场交底给操作工人，严格要求依照交底资料执行。

（3）模板安装时要涂刷隔离剂，对安装好的模板逐一检查其高程、轴线位置、尺寸、垂直度等技术要求，防止出现漏浆、错缝等情况。

（4）混凝土在浇筑前必须清理模板内的杂物，提前2 h在桥面上进行洒水湿润，但不得有积水。

（5）在混凝土拌和站拌和前，试验室严格测定原材料的含水率，选定施工配合比。搅拌站按照配合比投料拌合。试验员在现场测定混凝土的各项指标，符合要求后，再进行浇筑。

（6）混凝土振捣过程遵循"快插慢拔"的方式，不得漏振，按照 10 mm/3 m 的验收标准收面，及时进行覆盖养护。

（7）结构尺寸放样时，严格按照设计图纸位置进行放样，支护时按照放样的纵横向边线进行支模，保证模板垂直度、线型、结构尺寸符合设计要求。

8. 质量检查

（1）钢筋。

① 钢筋规格、型号应符合设计要求。

检验数量：施工单位、监理单位全部检查。

检验方法：观察检查。

② 钢筋加工、连接、安装质量应符合规定，并留存影像资料。

（2）混凝土。

① 混凝土到达施工现场后，应确认混凝土强度等级、配合比等符合设计及相关要求。

检验数量：施工单位、监理单位全部检查。

检验方法：对照委托单核对拌和站提供的混凝土质量证明文件。

② 混凝土的强度等级应符合设计要求。

检验数量：施工单位同一配合比每班次应取样 1 次制作试件。

检验方法：施工单位进行抗压强度试验；监理单位检查试验报告。

③ 底座及凹槽外形尺寸允许偏差如表 3-2-3 所示。

表 3-2-3 底座混凝土外观尺寸允许偏差

序号	检查部位	检查项目	允许偏差
1	底座	顶面高程	±10 mm
		长度	±10 mm
		宽度	±10 mm
		中线位置	3 mm
		平整度	10 mm/3 m
2	凹槽	中线位置	3 mm
		两凹槽中心间距	±3 mm
		横向间距	±5 mm
		纵向间距	±5 mm
		深度	±10 mm

检验数量：施工单位全部检查。

检验方法：施工单位使用专用仪器测量。

④ 混凝土外观质量：混凝土结构表面应密实、平整、颜色均匀，不应有露筋、蜂窝、孔洞、疏松、麻面和缺棱掉角等缺陷。

检验数量：施工单位全部检查。

检验方法：观察检查。

【技能提实训】

根据课程内容，完成表 3-2-4。

表 3-2-4　××工程混凝土底座（混凝土）检验批质量验收记录

单位工程名称					
分部工程名称					
分项工程名称				验收部位	
施工单位				项目负责人	
参考标准		①《铁路混凝土工程施工质量验收标准》（TB 10424—2018） ②《高速铁路轨道工程施工质量验收标准》（TB 10754—2018）			
		施工质量验收标准的规定		施工单位检查评定记录	监理单位验收记录
主控项目	1	混凝土养护①		第 6.4.8 条	
	2	拆模温差和条件①		第 6.4.9 条	
	3	混凝土强度等级①		第 6.4.10 条	
	4	混凝土弹性模量①		第 6.4.11 条	
	5	混凝土防腐蚀强化措施①		第 6.4.13 条	
	6	混凝土表面裂缝①		第 6.4.14 条	
一般项目	1	底座外形尺寸允许偏差②	长度	±10 mm	
			宽度	±10 mm	
			顶面高程	±10 mm	
			中线位置	3 mm	
			平整度	10 mm/3 m	
	2	凹槽外形尺寸允许偏差②	中线位置	3 mm	
			相邻凹槽中心间距	±3 mm	
			横向宽度	±5 mm	
			纵向宽度	±5 mm	
			深度	±10 mm	
	3	混凝土外观质量①		第 6.2.19 条	
施工作业人员质量责任登记		各工序工班长			
监理单位验收结论		监理工程师：　　　　　　　　　　　　　　年　　月　　日			

【BIM 技术应用实战】

一、任务背景

采用 Revit 建模软件创建桥梁地段 CRTS 双块式无砟轨道,首先需要明确创建的构件包括:底座、隔离层及缓冲垫层、道床板、双块式轨枕;其次需要明确的是各构件的尺寸、材质及相互位置。

某工程桥梁地段轨道结构参数如表 3-2-5 所示。

表 3-2-5　××工程桥梁地段轨道结构部分参数

构件	尺寸	材质
道床板	桥上道床采用分块式;尺寸为 6 500 mm × 2 800 mm × 260 mm;相邻道床板板缝宽 100 mm;凸槽尺寸:1 022 mm × 700 mm × 110 mm	混凝土强度等级为 C40
双块式轨枕	详见图 3-4-2 所示	混凝土强度等级为 C60
隔离层及弹性垫层	隔离层厚 4 mm,范围:道床板	隔离层:土工布;弹性垫层:弹性垫板与聚乙烯泡沫板组合
底座	尺寸:6 500 mm × 2 800 mm × 210 mm;单元结构,每一块轨道板对应底座为一单元	混凝土强度等级为 C40;伸缩缝填充聚乙烯泡沫塑料板

二、底座及限位凹槽建模

(1)新建族,按照前面章节所讲方法绘制底座及限位凹槽,绘制底座轮廓 6 500 mm × 2 800 mm,如图 3-2-3 所示。

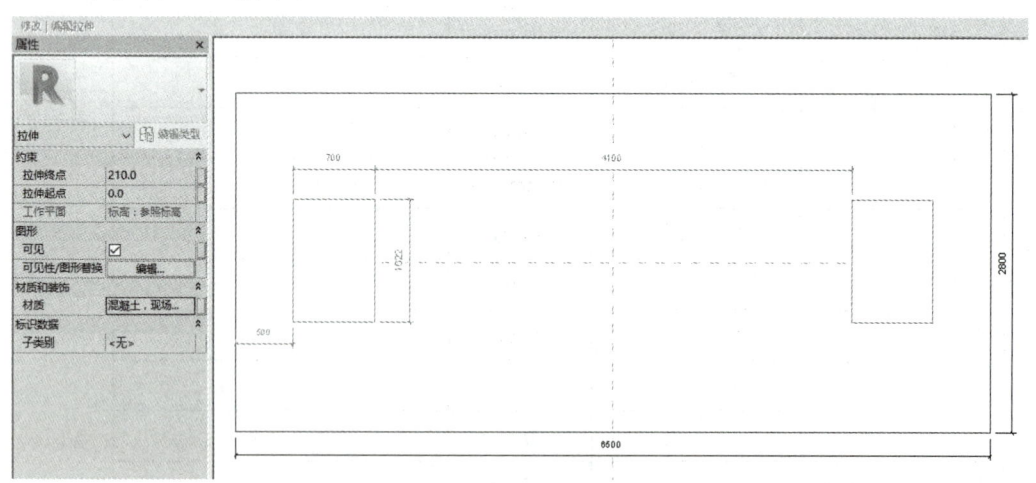

图 3-2-3　底座及限位凹槽参数设置

(2)从"属性"选项卡中选择拉伸起点为 0.0,拉伸终点为 210.0。

(3)材质从"属性"选项卡中选择材质为 C40 混凝土,并完成当前模型。

(4)选择创建工具:空心形状-空心拉伸,在参照标高上绘制限位凹槽轮廓,如图 3-2-4 所示。

（5）从"属性"选项卡中选择拉伸起点为100.0，拉伸终点为210.0。
（6）完成模型，如图3-2-5所示，并保存为"底座.rfa"。

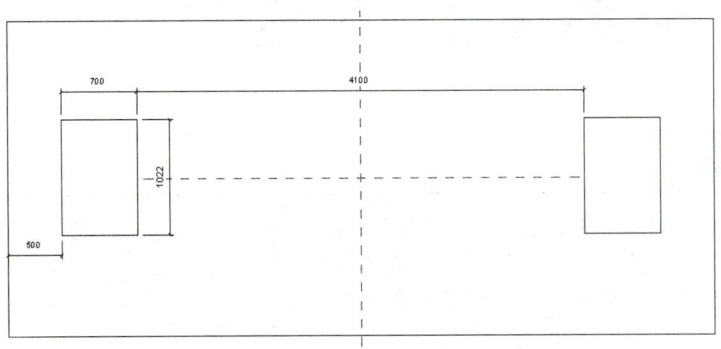

图3-2-4　限位凹槽尺寸

图3-2-5　底座模型三维模型

【**任务评价**】

学习效果 （10分）	团队协作 （10分）	匠人精神 （10分）

学习点评：

任务三 隔离层及弹性垫层施工

任务目标

知识目标	能力目标	素养目标
（1）掌握双块式无砟轨道隔离层及弹性垫层施工过程； （2）掌握双块式无砟轨道隔离层及弹性垫层建模方法	（1）能够进行双块式无砟轨道隔离层及弹性垫层施工； （2）能够建立双块式无砟轨道隔离层及弹性垫层三维模型	（1）具有吃苦耐劳、团队协作、不断学习的精神； （2）具有较强的情绪调节、环境适应、信息处理、分析总结和组织能力； （3）具有严格按照相关规范操作的意识

任务知识

隔离层是由土工合成材料铺设的构造层，其原材料应采用聚丙烯非织造土工布，各项性能满足《聚丙烯（PP）树脂》（GB/T 12670—2008）的要求，不应添加回收料，不应添加除消光剂、抗紫外线稳定剂之外的添加剂。

弹性垫层是指用橡胶或塑料制成的，贴在底座限位凹槽四壁。

知识点一 管理环节

1. 施工方案流程

双块式无砟轨道隔离层及弹性垫层施工方案流程如表 3-3-1 所示。

表 3-3-1 施工流程

序号	项目过程	序号	项目过程
1	施工准备	4	凹槽隔离层裁剪
2	底座及凹槽表面清理	5	弹性垫层粘贴
3	隔离层铺设	6	质量验收

2. 施工主要工具器械

铺设土工布用的滚轮式卷料架，切割工具、齿状抹子、粘胶剂搅拌器、较大面积定距垫块等。

知识点二　操作环节

1. 施工准备

施工前进行原材料检验，其中土工布、弹性垫层和泡沫板的品种、规格及质量应满足设计要求，并按照施工要求准备仪器设备。

知识点测试：CRTS双块式无砟轨道隔离层及弹性垫层施工

2. 底座及凹槽表面清理

铺设前应用洁净高压水和高压风彻底对底座进行清洁和清理，保证铺设范围内底座洁净且无砂石类可能破坏中间隔离层的磨损性颗粒。隔离层和弹性垫层施工前应检查并清洁底座表面和凹槽底面，底座及凹槽表面应保持清洁干燥。

底座混凝土强度达到设计强度的 75%，且底座外形尺寸等各项指标经检验符合要求后，方可施工隔离层和弹性垫层。

3. 隔离层铺设

首先将整张土工布铺设在底座表面，根据凹槽棱线画出凹槽边线，然后依画线位置在限位凹槽处用剪刀剪出方孔。割下的那一块刚好铺在下面凹槽结构的底面。

隔离层宜由底座一端向另一端连续铺设，轨道板范围内不得有搭接或缝接，隔离层宜宽出轨道板边缘 5 cm。将隔离层平整地铺置于混凝土底座上，并采取临时固定措施，保持隔离层平整无错位、无褶皱。隔离层平整度（起拱度）应按 10 mm/1 m 进行控制。

铺上土工布后应立即在底座板边缘用固定胶带将其固定，封闭所有间隙，并在表面压上保护层垫块，垫块材质、强度等级与道床板混凝土相同，防止滑动，禁止人员踩踏。在道床板模板安装、固定前，应将土工布拉扯平整。

4. 凹槽隔离层裁剪

凹槽底面隔离层应根据凹槽位置在整块隔离层上准确裁剪，将裁剪下来的隔离层铺设于凹槽底面，并与侧面的弹性垫层牢固黏结。

5. 弹性垫层施工

（1）限位凹槽处理。

铺设前应用洁净高压水和高压风彻底对限位凹槽进行清洁和清理，保证铺设范围内限位凹槽洁净且无砂石类可能破坏弹性垫层的磨损性颗粒。隔离层和弹性垫层施工前应检查并清洁凹槽底面。凹槽表面应清洁干燥。

（2）下料。

根据限位凹槽实测深度和尺寸，计算泡沫板厚度并下料。将弹性垫层粘贴于凹槽的侧面，弹性垫层应与凹槽周边混凝土及凹槽周边隔离层粘贴牢固，顶面与底座表面平齐，接缝处及周边无翘起、空鼓、褶皱、脱层或封口不严等缺陷。

（3）弹性垫层施工。

在底座混凝土强度达到设计强度的 75%后，方可进行弹性垫层铺设。在限位凹槽内涂刷胶粘剂，粘贴弹性垫板，注意粘贴应平整，顶面与底座表面平齐。限位凹槽内的中间隔离层向外伸出部分应包在弹性垫层内，上下拐角处用宽胶带封闭。隔离层铺设进度应与轨道板铺设进度相协调，铺设后应采取适当措施避免雨淋及长时间日晒，应加强保护，防止损伤。隔离层铺设至自密实混凝土灌注时间不应超过 15 d。

6. 质量验收

中间隔离层和弹性垫层施工前应将底座表面和限位凹槽清理干净并保持干燥；中间隔离层和弹性垫层所用材料的规格、材质、性能指标应符合设计要求。

（1）隔离层及弹性垫层原材料应符合设计和相关技术规定。

检验数量：施工单位、监理单位检验项目及频次应符合相关规定的要求。

检验方法：检查产品质量证明文件，观察检查和试验检验。

（2）隔离层应铺贴平整，无破损，接缝处及边沿无翘起、空鼓、皱折、脱层或封口不严等缺陷。

检验数量：施工单位、监理单位全部检查。

检验方法：观察检查。

（3）弹性垫层与凹槽侧面应粘贴牢固，顶面与底座表面平齐接缝处及周边无翘起、空鼓、皱折、脱层或封口不严等缺陷。

检验数量：施工单位、监理单位全部检查。

检验方法：观察检查。

（4）隔离层材料的尺寸应符合设计要求。

检验数量：同一厂家、品种、规格的卷材每 5 000 m 为一批，不足 5 000 m 按一批计，施工单位每批抽检 3 卷。

检验方法：尺量。

（5）隔离层、弹性垫层的基底应平整清洁、干燥，不得有空鼓、空洞、蜂窝、麻面、浮渣、浮土和油污。

检验数量：施工单位全部检查。

检验方法：观察检查。

【技能实训】

根据课程内容，完成表 3-3-2。

【BIM 技术应用实战】

任务：创建 CRTS 双块式无砟轨道隔离层及弹性垫层。

按照项目二任务二所述方法绘制隔离层及弹性垫层，其参数设置如图 3-3-1 和图 3-3-2 所示，三维模型如图 3-3-3 所示。

表 3-3-2 ××工程隔离层、弹性垫层检验批质量验收记录表

单位工程名称				
分部工程名称				
分项工程名称			验收部位	
施工单位			项目负责人	
参考标准		《高速铁路轨道工程施工质量验收标准》（TB 10754—2018）		
施工质量验收标准的规定			施工单位检查评定记录	监理单位验收记录
主控项目	1	隔离层及弹性垫层原材料质量	第7.3.1条	
	2	隔离层铺设质量	第7.3.2条	
	3	弹性垫层粘贴质量	第7.3.3条	
一般项目	1	隔离层材料尺寸	设计要求	
	2	隔离层、弹性垫层基底质量	第7.3.4条	
施工作业人员质量责任登记		各工序工班长（实名制信息录入人员）		
施工单位检查评定结果		专职质量检查员：　　　　　　　　　年　月　日		
		分项工程技术负责人：　　　　　　　年　月　日		
		分项工程负责人：　　　　　　　　　年　月　日		
监理单位验收结论		监理工程师：　　　　　　　　　　　年　月　日		

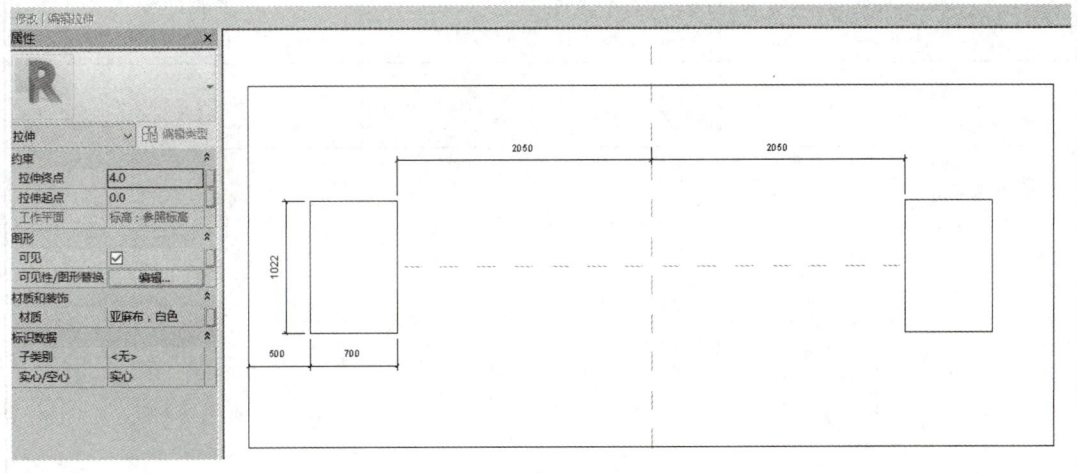

图 3-3-1 隔离层参数设置

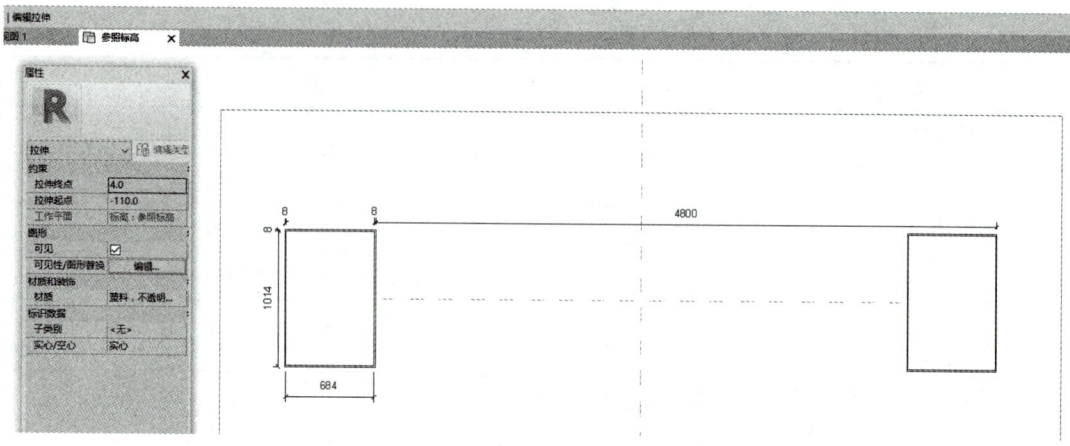

图 3-3-2 弹性垫层尺寸图

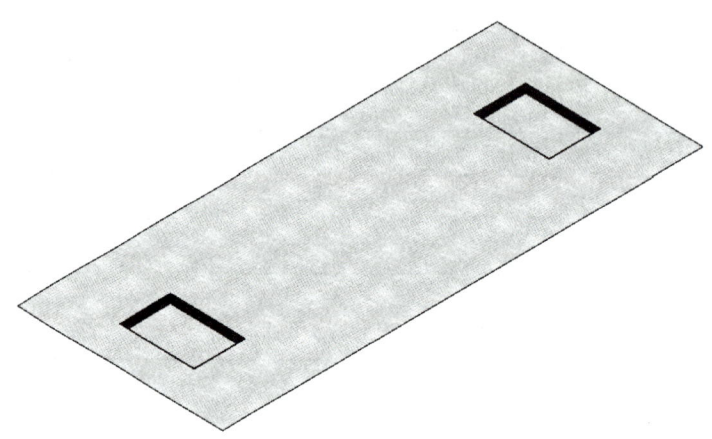

图 3-3-3 弹性垫层及隔离层三维示意图

【任务评价】

学习效果 （10分）	团队协作 （10分）	匠人精神 （10分）

学习点评：

任务四　轨排支撑架法轨排组装、调整及固定

任务目标

知识目标	能力目标	素养目标
（1）了解轨排支撑架法的特点； （2）了解 CRTS 双块式无砟轨道轨排支撑架法施工主要器械； （3）掌握轨排支撑架法轨排组装、调整及固定的方法； （4）掌握 CRTS 双块式轨枕的建模方法	（1）能够利用轨排支撑架法进行 CRTS 双块式无砟轨道轨排组装、调整及固定； （2）能够建立 CRTS 双块式轨枕模型，并根据图纸放置在轨道上； （3）掌握轨排的质量检查要点	（1）具有吃苦耐劳、团队协作、不断学习的精神； （2）具有较强的情绪调节、环境适应、信息处理、分析总结和组织能力； （3）具有严格按照相关规范操作的意识

任务背景

CRTS 双块式无砟轨道、轨枕如图 3-4-1、图 3-4-2 所示。轨排支撑架法是我国较成熟的施工工法，能适应曲线区段超高、超高顺坡和竖曲线区段顺坡等的铺设要求，道床板分块长度与桥梁跨度的匹配较为灵活，轨道维修主要是扣件涂油、调整等少量作业。

图 3-4-1　CRTS 双块式无砟轨道　　　　图 3-4-2　轨枕

知识点一　管理环节

1. 施工方案流程

双块式无砟轨道轨排支撑架法施工流程如表 3-4-1 所示。

2. 施工主要器械

双块式无砟轨道轨排支撑架法施工主要器械如表 3-4-2 所示。

表 3-4-1 施工流程

序号	项目过程	序号	项目过程
1	施工准备	6	轨道粗调
2	测量放样	7	绑扎钢筋
3	支承层或混凝土底座验收	8	立设模型加固
4	铺设底层钢筋	9	轨道精调
5	轨排拼装	10	质量验收

表 3-4-2 施工主要器械

序号	设备名称	序号	设备名称
1	25 t 汽车吊	8	轨道固定架
2	平板卡车	9	螺杆调节器
3	叉车	10	轨距撑杆
4	工具轨	11	AMBERG 轨检小车
5	双头扭矩扳手	12	横向地锚
6	电动扳手	13	鱼尾夹板
7	开口扳手		

知识点二 操作环节

1. 施工准备

轨排组装前应复测支承层或底座的高程，清除道床板范围内基础表面的浮渣、灰尘及杂物。

2. 测量放样

测量放样应符合下列规定：

（1）轨道中线控制点应依据 CPⅢ 控制点进行测放，直线地段每隔 10 m、曲线地段每隔 5 m 测设并标记一个轨道中线控制点。

（2）轨枕控制边线和道床板的纵、横向模板边线位置应以轨道中线控制点为基准进行放样。

知识点测试：轨排支撑架法轨排组装、调整及固定

3. 支承层或混凝土底座验收

（1）支承层验收。

双块式无砟轨道下部支撑体系为路基水硬性支承层，验收标准如表 3-4-3 所示。

检验数量：每 20 m 检查一次。

（2）底座板验收。

桥上双块式无砟轨道下部支撑体系为底座板，验收标准如表 3-4-4 所示。

表 3-4-3 支承层外形尺寸允许偏差及检验方法

序号	检查项目	允许偏差	检验方法
1	厚度	±20 mm	尺测
2	中线位置	10 mm	全站仪
3	宽度	0～15 mm	尺测
4	顶面高程	−10 mm	水准仪
5	平整度	7 mm/4 m	4 m 直尺

表 3-4-4 底座板外形尺寸允许偏差及检验方法

序号	检查部位	检查项目	允许偏差
1	底座	顶面高程	±10 mm
		长度	±10 mm
		宽度	±10 mm
		中线位置	3 mm
		平整度	10 mm/3 m
2	凹槽	中线位置	3 mm
		两凹槽中心间距	±3 mm
		横向间距	±5 mm
		纵向间距	±5 mm
		深度	±10 mm

底座验收完成后安装凹槽周边弹性垫板和泡沫板，安装时使其与凹槽周边的混凝土密贴，不得有鼓泡、脱离现象，缝隙应采用薄膜封闭，搭接处及周边无翘起、空鼓、皱折、脱层或封口不严等缺陷，搭接量满足设计要求。

4. 铺设底层钢筋

道床板底层钢筋绑扎应符合下列规定：

（1）道床板底层钢筋位置数量及间距应符合设计要求，钢筋交叉点应按设计要求进行绝缘绑扎，如图 3-4-3 所示。

（2）钢筋绑扎完成后，应在底层钢筋下设置混凝土保护层垫块，垫块数量不应少于 4 个/m²，并应均匀分布，设置牢固。

（3）钢筋搭接长度、搭接接头位置相错量、搭接率应满足设计要求，搭接处按设计要求进行绝缘固定。

5. 轨排拼装

（1）散枕。

① 散枕宜根据现场情况采用龙门吊或轮胎式挖掘机与散枕器配合施工。

② 作业前应进行设备组装调试、整备。检查设备状况，并调整好散枕间距。

图 3-4-3　钢筋绑扎

③散枕前应检查轨枕，轨枕桁架应无扭曲变形，承轨槽内干净无杂物。

④龙门吊（挖掘机）与散枕器组合后，走行到轨枕垛处作业工位。散枕装置从轨枕垛一次抓取一组轨枕，移动至线路中心线上，调整到设计轨枕间距。将轨枕均匀散布到设计位置。

⑤轨枕应按照布枕边线、垂直于线路散布。每工具轨长度单元复核一次轨枕纵向位置，控制散布轨枕的累计纵向误差。

（2）轨排组装。

轨排组装应符合下列规定：

①工具轨应按长度配对使用，保证轨缝在同一断面位置。

②工具轨长度宜与轨枕设计间距呈整倍数关系，并采用夹板纵联，工具轨表面混凝土残渣应清理干净。

③铺设工具轨前，应再次检查确认轨枕承轨台上无异物。

④按工具轨轨腰上标注的轨枕位置标记吊装工具轨、方枕安装扣件组装成轨排。

⑤工具轨安装时应确保轨枕胶垫居中，扣件紧固时应保证扣压力达到设计要求，扣件各部位密贴，如图 3-4-4 所示。

图 3-4-4　轨排组装

⑥轨排组装后应对轨距、轨枕间距、锚固螺栓扭矩、扣件弹条与轨底之间的间隙进行检

查，轨距、轨枕间距允许偏差应符合表 3-4-5 的要求。

表 3-4-5　轨排组装允许偏差

序号	检查项目	允许偏差
1	轨距	±1 mm
2	轨枕间距	±5 mm

（3）螺杆调节器托盘安装。

螺杆调节器托盘安装应符合下列规定：

① 直线地段每隔 3 根轨枕（曲线地段每隔 2 根轨枕）安装一对螺杆调节器托盘，同时应在轨排端头第一根轨枕后安装一对螺杆调节器托盘。

② 螺杆调节器托盘安装前应清理干净并确保托盘伸缩灵活、居中。托盘安装时应检查插销与插孔对应位置正确，确保托盘与轨底密贴，各部位螺栓紧固到位。

6. 轨道粗调

轨排粗调前检查所有轨道扣件安装是否紧固；检查待调轨排的轨距是否满足施工要求，标准轨距为 1 435 mm±1 mm，使用轨检尺按轨枕位置逐个检测，不符合标准值的应立即调整；检查工具轨表面是否清洁，若有附着物（如混凝土等）立即清除；清理待调轨排内的杂物；轨排粗调宜采用粗调机组进行，精调应采用轨道几何状态测量仪配合螺杆调节器进行。

轨排粗调按照调试方法可分为：粗调机组进行轨排粗调和人工进行轨排粗调。

（1）采用轨排粗调机组进行轨排粗调应符合下列规定。

① 轨排组装完成后，粗调机组沿轨排自行驶入，均匀分布在轨排上。

② 粗调机组走行到位后，放下两侧轴助支撑边轮，支撑在底部结构物顶面上，放下夹轨器，夹紧钢轨。

③ 全站仪应采用自由设站法，测量测站附近 3 对 CPⅢ控制点棱镜，计算确定测站坐标。改变全站仪测站时，应至少观测后方 2 对交叉 CPⅢ控制点。

④ 全站仪自动搜索，测量每个粗调机顶部的棱镜，测量数据与理论值对比，生成轨排的方向、高低、水平和中心线位置偏差，通过无线传输装置发出调整指令。

⑤ 粗调机组接收调整指令，自动实现轨排提升、横移、偏转、侧倾四个自由度的调整，直到轨排方向、高低、水平满足标准要求。

（2）采用人工进行轨排粗调应符合下列规定。

① 采用人工粗调时，应遵循"先中线、后高程"的原则。轨排起升时应两侧同时进行。

② 轨排粗调应先对偏差较大处进行调整。当轨排横向偏差较大时，粗调应分多次调整到位，避免在钢轨横向出现硬弯。

③ 利用手摇起道机下方的横移滑板，进行轨排横向调整。

④ 同一轨排组采用不少于 4 对（8 台）起道机同步起升轨排。不得采用螺杆调节器竖向调整螺杆直接起升轨排。

轨排粗调到位后，及时安装螺杆调节器竖向支撑螺杆，确保各螺杆受力均匀、无松动。调节器竖向支撑螺杆应事先安装保护套，便于混凝土浇筑后拆卸。粗调后轨顶标高允许偏差

为 $-5\sim0$ mm，中线位置允许偏差为 5 mm。轨排粗调完成后，相邻轨排应用钢轨连接夹具进行连接，轨缝宜控制在 10~30 mm。钢轨接头处应平顺，不得有错牙及错台。

7. 绑扎钢筋

绑扎钢筋主要包括铺设上层钢筋、绑扎道床板钢筋网和道床板钢筋接地焊接及绝缘性能检查。

（1）铺设上层钢筋、绑扎道床板钢筋网应符合下列规定。

①钢筋的规格数量、位置应正确，钢筋的搭接长度、保护层厚度应满足设计要求。

②纵、横向钢筋及轨枕桁架交叉点均应绝缘绑扎牢固。

（2）道床板钢筋接地焊接及绝缘性能检查应符合下列规定。

①接地钢筋采用单面搭接焊，焊缝长度、宽度及高度应符合设计要求。

②接地端子的焊接应在轨道精调完成后进行，端子表面应加保护膜，焊接时应保证其与模板密贴。

③绝缘钢筋的绝缘电阻实测值应大于 2 MΩ。

8. 立设模型加固

模板安装应符合下列规定：

（1）模板安装前应清理干净道床内杂物。

（2）检查模板状态是否良好，模板应清洁，无损坏、变形。模板安装应顺直且与下部结构物垂直，无错台、错牙现象，并加固牢靠。

（3）模板底部应采用弹性胶垫或干硬性砂浆封堵，防止混凝土浇筑时漏浆。

（4）钢筋保护层厚度应符合设计要求，允许偏差为 $+10\sim0$ mm。

（5）模板与混凝土接触面应清理干净并涂刷脱模剂。模板安装后，模板的几何尺寸应符合相关标准要求。

（6）路基与桥梁、隧道相接处，无砟道床应按设计要求设置横向伸缩缝，横向缩缝应设置通缝，并按设计要求做好防水处理。

9. 轨排精调

采用轨检小车、专用便携计算机、全站仪和无线通信装置，检测高低、轨向、水平、轨距等轨道不平顺参数，精确确定线路轨道的实际位置与理论位置的偏移量，使无砟轨道施工铺设、线路整理精度达到客运专线的要求。

轨排精调前检查轨检小车的工作状态，松开轨距测量轮，校准测量传感器；检查螺杆调节器固定情况；检查扭矩扳手性能。

轨排精调应符合下列规定：

（1）采用轨道几何状态测量仪配合全站仪和螺杆调节器进行轨排方向、高低、水平精调。

（2）所用轨道几何状态测量仪、全站仪、棱镜等均应满足精度要求，并定期校核准确。

（3）测量前应复核所用线形设计资料、CPⅢ成果资料。

（4）使用至少 4 对 CPⅢ控制点自由设站，设站间距不得大于 70 m，两次设站至少重叠观测 2 对 CPⅢ点，设站精度应符合相关规定。

（5）自由设站点应尽量靠近轨道中线，并宜设于相邻两对CPⅢ控制点中部位置。

（6）轨道几何状态测量仪应现场组装，并安装棱镜，由远及近靠近全站仪。

（7）使用全站仪测量棱镜，将数据通过通信接口传递给轨道几何状态测量仪。

（8）轨道几何状态测量仪接收观测数据，通过配套软件，计算轨道平面位置、水平、超高、轨距等误差值，在屏幕上显示，指导轨道精确调整。

（9）调整螺杆调节器，进行轨排轨向、高低和水平的调整。

（10）每次精调时应与上次或前一站重叠至少8根轨枕，同一点位的横向和高程的相对偏差不应超过2 mm。精调过程中，应先调整偏差较大处，相邻几对螺杆调节器同时调整，调整时步调应协调一致。曲线地段调整时竖直和水平方向同时调整。

（11）轨排精调到位后，应对轨排采取相应的措施进行加固，防止混凝土浇筑时轨排出现横向移位及上浮，并采集数据作为最终的精调数据。

（12）精调合格后，轨排上不应进行任何作业或行人。

（13）轨排精调时气象及环境条件应符合相关规定。

（14）轨排精调好后，应及时浇筑混凝土。如间隔时间过长，或环境温度变化超过15 °C，或受到外部条件影响时，应重新检查或调整轨排。

（15）精调完成后轨道几何形位允许偏差应符合表3-4-6的规定。

表3-4-6　轨排几何行位允许偏差

序号	项目		容许偏差	备注
1	轨距		±1 mm	相对于标准轨距1 435 mm
			1/500	变化率
2	轨向		2 mm	弦长10 m
			2 mm/测点间距8a（m）	基线长48a（m）
3	高低		2 mm	弦长10 m
			2 mm/测点间距8a（m）	基线长48a（m）
4	水平		2 mm	不包含曲线、缓和曲线上的超高值
5	扭曲		2 mm	基长3 m，包含缓和曲线上由于超高顺坡所造成的扭曲量
6	轨面高程	一般情况	±2 mm	站台处的轨面标高不应低于设计值
		紧靠站台	0~2 mm	
7	轨道中线		2 mm	—
8	线间距		0~5 mm	

注：1. 表中a为扣件节点间距，单位：m。
　　2. 轨向允许偏差不含曲线。

10. 质量检查

严格掌握技术规范和质量标准，对施工过程中的每道工序和环节必须实施有效的质量控制。

（1）双块式轨枕及扣件的型号、规格应符合设计要求。双块式轨枕的表面应无裂纹，预埋套管内不应有混凝土淤块。

检验数量：施工单位、监理单位全部检查。

检验方法：观察检查。

（2）轨排组装用工具轨应采用与正线轨型相同的钢轨，工具轨应无磨损、变形、损伤、毛刺等。

检验数量：施工单位、监理单位全部检查。

检验方法：观察检查。

（3）精调完成后轨道几何形位允许偏差应符合规定。

检验数量：施工单位、监理单位全部检查。

检验方法：施工单位采用全站仪及轨道几何状态测量仪连续检测，监理单位见证检验。

（4）轨排固定装置应有足够的强度、刚度和稳定性，其材料质量及结构应符合施工工艺设计要求。固定装置应安装牢固，确保混凝土浇筑时轨排不发生移位和变形。

检验数量：施工单位、监理单位全部检查。

检验方法：施工单位检查相关工艺设计资料及材料质量证明文件，观察、测量；监理单位见证检验。

（5）双块式轨枕表面应无碰损，桁架钢筋应无锈蚀掉块、扭曲变形，并不应有开焊或松脱。

检验数量：施工单位全部检查。

检验方法：观察检查。

（6）轨排组装应符合下列规定：

①轨排组装前应检查确认轨枕、工具轨及扣件等无污染；

②轨排左右两根工具轨的端部接继应在同一位置，偏差不应大于 100 mm；

③轨枕应方正，间距允许偏差不应大于 5 mm；

④扣件应安装正确，无缺少、无损坏、无污染，扭力矩达到设计标准，弹条中趾下颚与轨距挡板应密贴，最大空隙不应大于 0.5 mm。

检验数量：施工单位全部检查。

检验方法：观察检查、尺量。

视频：SK-2 型双块式轨枕钢筋桁架上、下弦杆建模

视频：SK-2 型双块式轨枕钢筋桁架斜杆建模

【BIM 技术应用实战】

任务：创建 SK-2 型双块式轨枕。

（1）根据图纸尺寸（图 3-4-5～图 3-4-7）利用融合命令绘制双块式轨枕下部支承块，再采用拉伸命令将画好的轨枕块承轨台的 CAD 立面图导入 Revit 软件绘制承轨台，再采用空心拉伸命令，绘制出轨枕块侧面形状。再利用空心命令绘制螺栓孔。

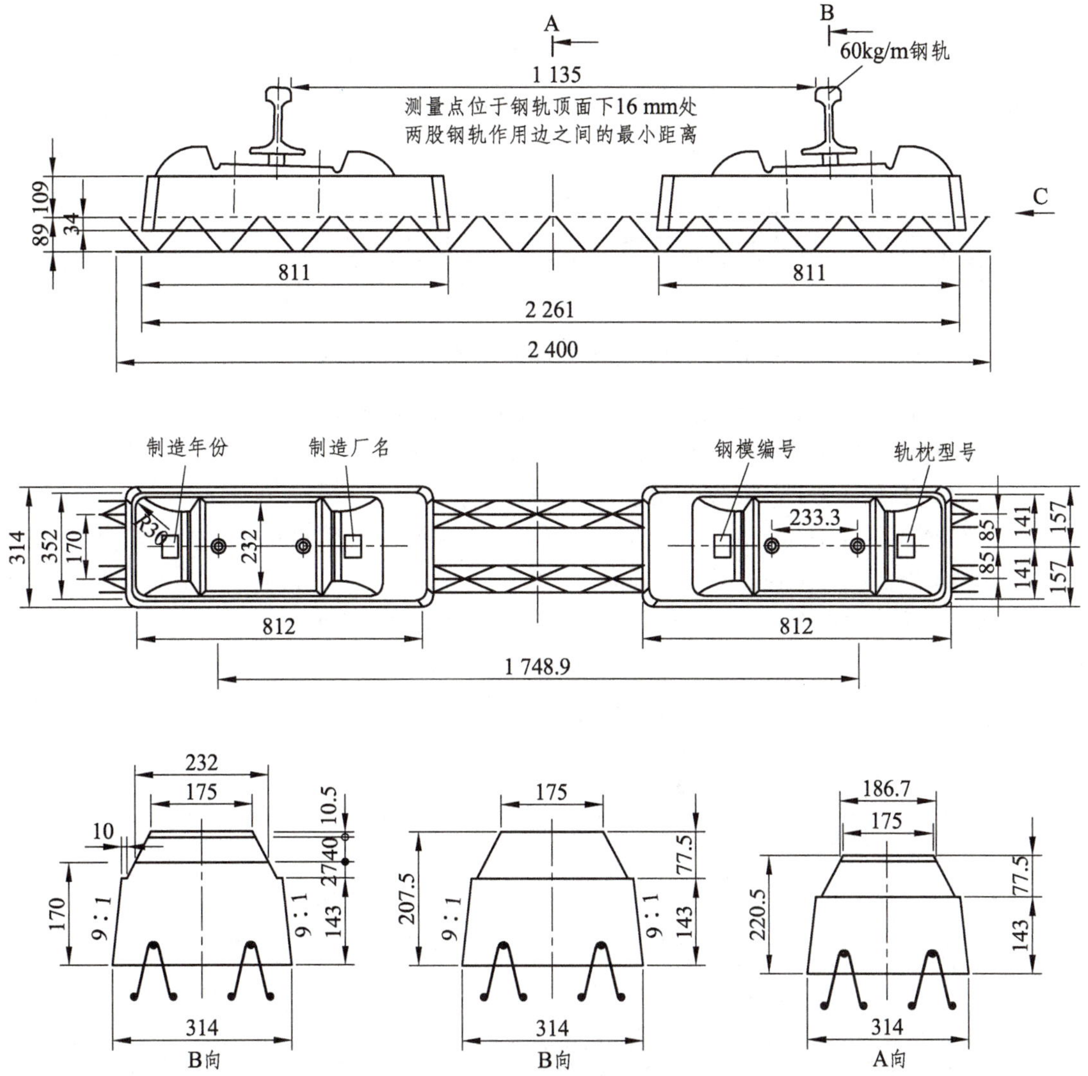

图 3-4-5　SK-2 型双块式轨枕外形尺寸

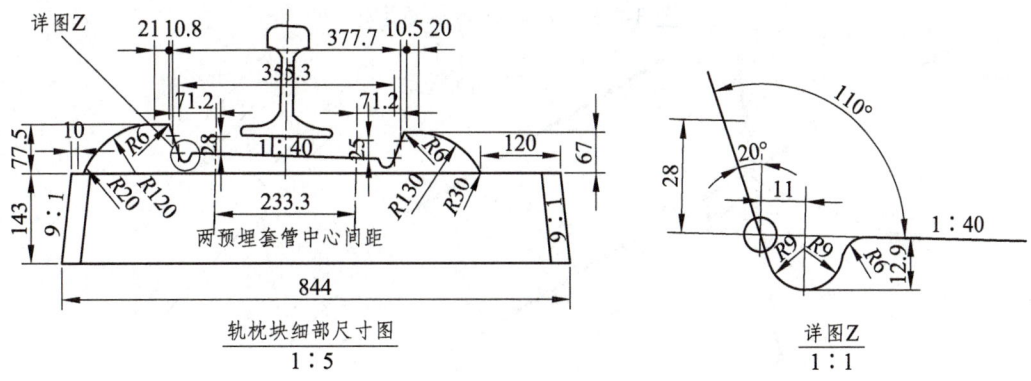

图 3-4-6　SK-2 型双块式轨枕轨枕块细部尺寸

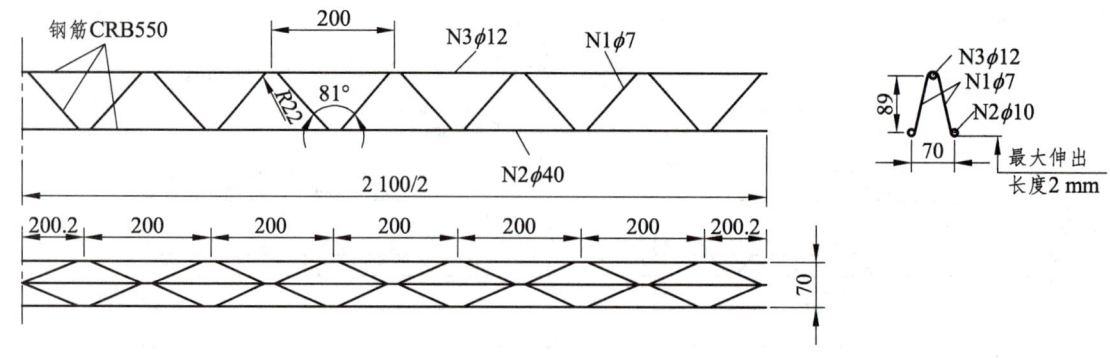

图 3-4-7　SK-2 型双块式轨枕钢筋桁架设计

（2）根据尺寸镜像出另一个轨枕块；选择材质为 C60 混凝土。

（3）新建族，根据图纸绘制 SK-2 型双块式轨枕钢筋桁架。

① 选择适当创建工具，绘制桁架上、下弦杆钢筋。

② 设置桁架斜杆钢筋所在平面。在立面-右，画出斜杆所在面的方向，在该线上中点画一垂线（图 3-4-8），在三维视图界面，选择"创建"—"设置"—"拾取一个平面"，选择刚才所绘制两线的交点（图 3-4-9），即设置好了桁架斜杆钢筋绘制平面。

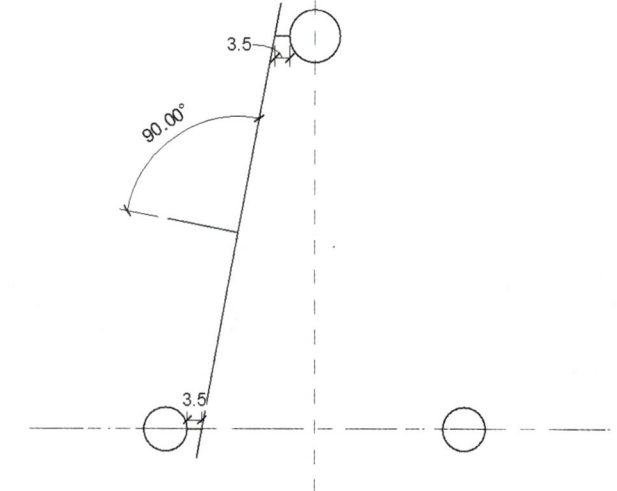

图 3-4-8　斜杆钢筋平面定位

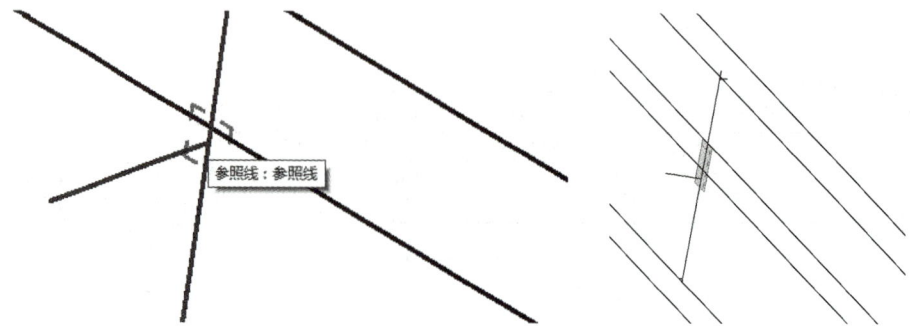

图 3-4-9　斜杆钢筋平面设置

③ 定出斜杆钢筋上下中心线位置。在立面-前，将上、下弦杆的顶和底位置线画出（图 3-4-10）；再在立面-右，将底部参照线复制到一侧下弦杆底部中心。在立面-前，将两参照线往中心平移（3.5 mm），再将其余参照线删掉（图 3-4-11）。在三维视图中，选择立面-前，选择模型线，将这两条参照线拾取在斜杆钢筋平面上（图 3-4-12）。

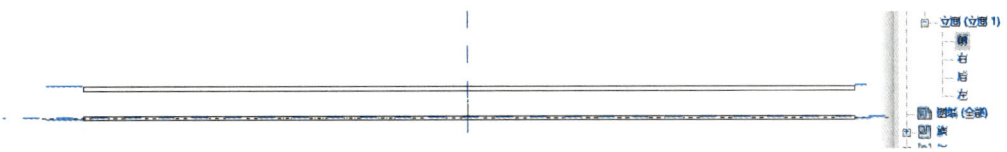

图 3-4-10　上下弦杆的顶和底部位置

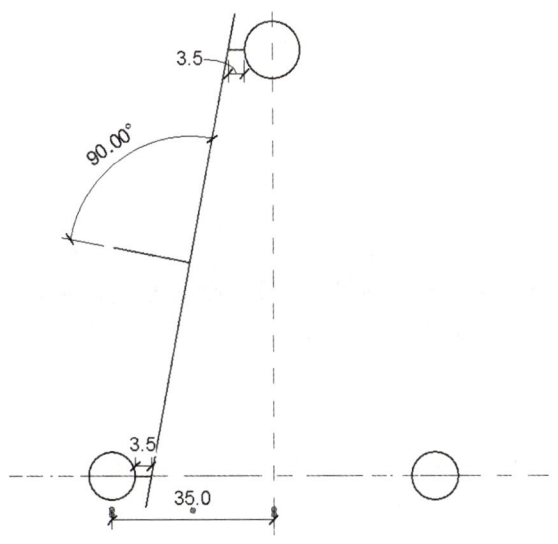

图 3-4-11　下弦杆底部位置

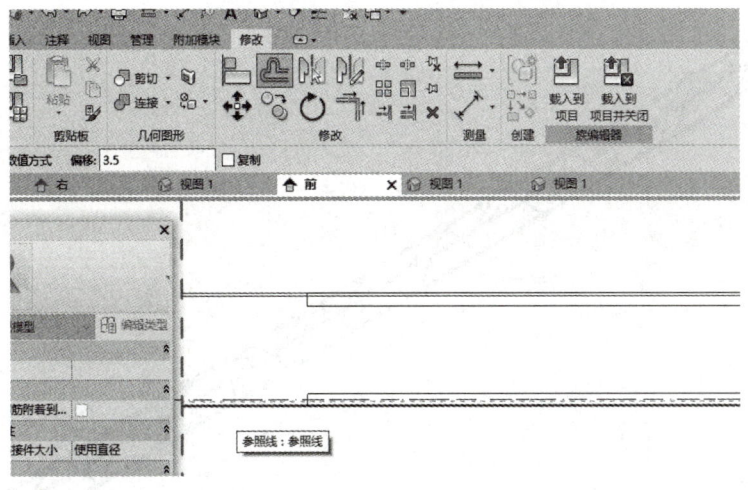

图 3-4-12　偏移后斜杆钢筋顶和底部在前立面的位置

④ 在三维视图中，选择立面-前，在杆件的中部创建一条模型线，根据斜杆尺寸换算出其相对位置，利用模型线画出斜杆路径（图 3-4-13）。

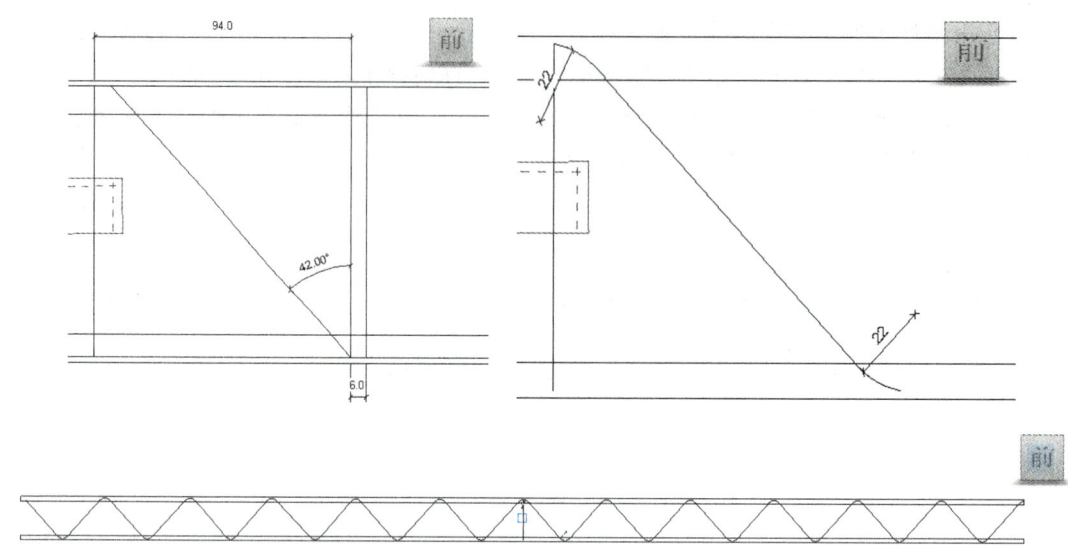

图 3-4-13 斜杆路径

⑤ 在三维视图中，选择立面-前，选择"放样"—"拾取路径"，拾取刚才创建的斜杆路径的模型线，绘制轮廓为直径 7 mm 的圆，形成一侧桁架斜杆钢筋（图 3-4-14）。再在立面-右，选中刚才斜杆通过镜像绘制出另一侧斜杆钢筋（图 3-4-15）。

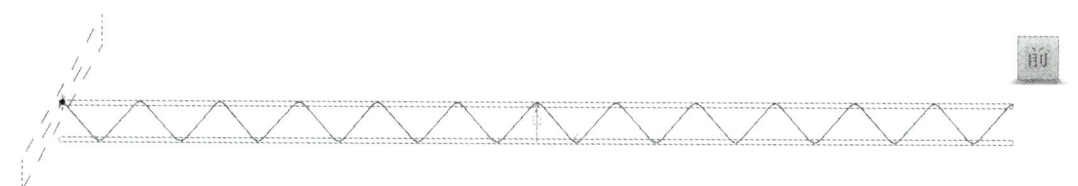

图 3-4-14 放样绘制斜杆钢筋

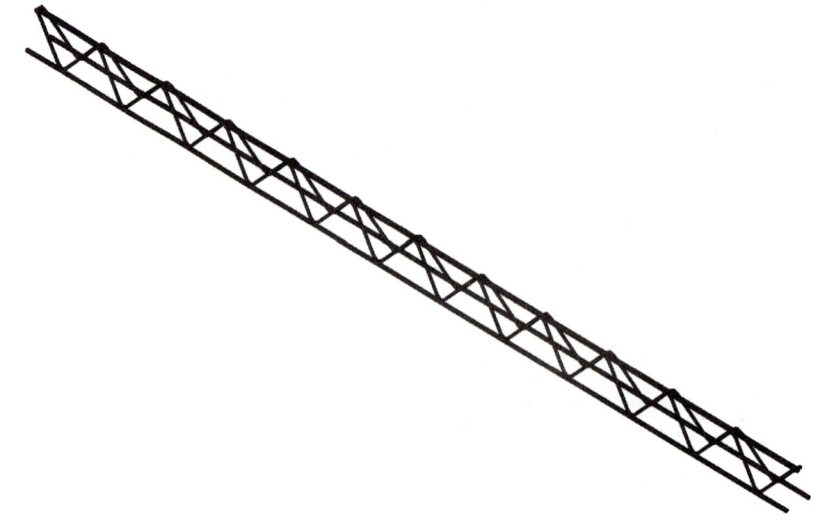

图 3-4-15 完成的 SK-2 型双块式轨枕钢筋桁架

（4）将完成的桁架载入双块式轨枕族中，根据桁架的相对位置将其放置在正确位置，如图 3-4-16 所示，完成模型并保存为"SK-2 型双块式轨枕.rfa"。

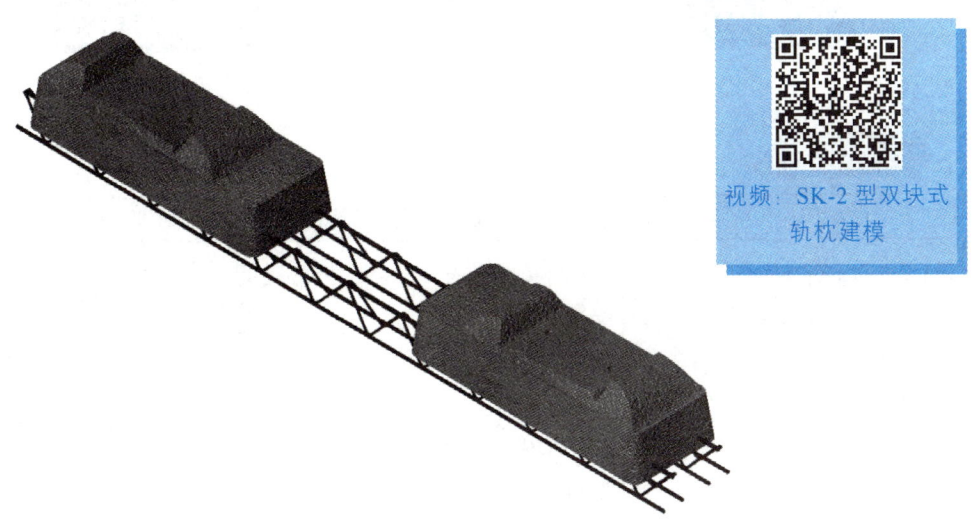

图 3-4-16　SK-2 型双块式轨枕三维模型

【任务评价】

学习效果 （10 分）	团队协作 （10 分）	匠人精神 （10 分）

学习点评：

任务五　轨排框架法轨排组装、调整及固定

任务目标

知识目标	能力目标	素养目标
（1）了解轨排框架法的特点； （2）了解施工主要器械； （3）掌握轨排框架法轨排组装、调整及固定的方法； （4）掌握创建CRTS双块式无砟轨道道床板模型的方法	（1）能够利用框架法进行CRTS双块式无砟轨道轨排组装、调整及固定； （2）掌握轨排的质量验收要点； （3）能够建立CRTS双块式无砟轨道模型	（1）具有吃苦耐劳、团队协作、不断学习的精神； （2）具有较强的情绪调节、环境适应、信息处理、分析总结和组织能力； （3）具有严格按照相关规范操作的意识

任务知识

轨排框架法是采用型钢梁将两根标准工具轨连接成一个框架整体，采用支撑在钢轨上的螺杆调节器进行高程和水平调整，精调后浇筑混凝土，形成无砟轨道整体道床。采用人工散枕、龙门吊配合框架安装形成轨排，利用轨排上的高程螺杆调节器和轨向锁定装置调整轨排的水平和高程，然后进行混凝土浇筑，形成整体道床。较支撑架法施工，该方法有效地控制了小轨距和轨底坡。其轨排布置如图3-5-1和图3-5-2所示。

视频：CRTS双块式无砟轨道道床板施工

图3-5-1　CRTS双块式无砟轨道

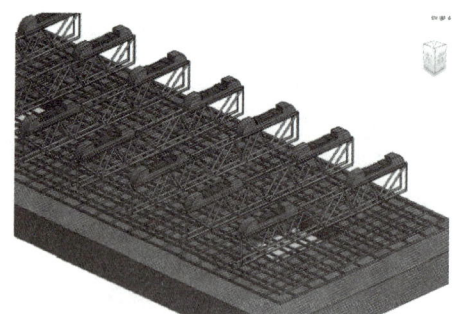

图3-5-2　轨排布置

知识点一　管理环节

1. 施工流程

双块式无砟轨道框架法施工流程如表3-5-1所示。

表 3-5-1　施工流程

序号	项目过程	序号	项目过程
1	施工准备	6	绑扎钢筋
2	下承体验收	7	立设模型加固
3	铺设底层钢筋	8	轨道精调
4	框架轨排拼装	9	质量验收
5	轨道粗调		

2. 施工主要器械

按照每天施工 100 单线延米，单作业面施工中主要设备机具配备情况如表 3-5-2 所示。

表 3-5-2　施工设备机具配置表

序号	设备名称	序号	设备名称
1	混凝土搅拌站	17	冲击钻
2	混凝土罐车	18	扭力扳手
3	泵车	19	重型扳手
4	可变跨龙门吊	20	高压水枪
5	汽车吊	21	水罐车
6	捣固棒	22	混凝土抹子
7	双头电动搬手	23	压机
8	螺杆调节器	24	切割机
9	纵横向模板	25	砂轮机
10	轨距调整定位装置	26	起道器
11	发电机	27	炮车
12	电焊机	28	工具轨（含连接配件）
13	空压机（移动式）	29	撬棍
14	钢筋切断机	30	斜口钳
15	钢筋弯曲机	31	对讲机
16	混凝土切割机		

知识点二　操作环节

1. 施工准备

轨排组装前应复测支承层或底座的高程，清除道床板范围内基础表面的浮渣灰尘及杂物。

测量放样应符合下列规定：

（1）轨道中线控制点应依据 CPⅢ控制点进行测放，直线地段每隔 10 m、曲线地段每隔 5 m 测设并标记一个轨道中线控制点。

知识点测试：轨排框架法轨排组装、调整及固定

（2）轨枕控制边线和道床板的纵、横向模板边线位置应以轨道中线控制点为基准进行放样。

2. 下承体验收

施工前对路基段支承层、桥梁段底座板进行检查验收。

底座验收完成后安装凹槽周边弹性垫板和泡沫板，安装时使其与凹槽周边的混凝土密贴，不得有鼓泡、脱离现象，缝隙应采用薄膜封闭，搭接处及周边无翘起、空鼓、皱折、脱层或封口不严等缺陷，搭接量满足设计要求。

3. 铺设底层钢筋

道床板底层钢筋绑扎应符合下列规定：

（1）道床板底层钢筋位置数量及间距应符合设计要求，钢筋交叉点应按设计要求进行绝缘绑扎，如图3-5-3所示。

图3-5-3　绝缘卡扣

（2）钢筋绑扎完成后，应在底层钢筋下设置混凝土保护层垫块，垫块数量不应少于4个/m²，并应均匀分布，设置牢固，如图3-5-4、图3-5-5所示。

图3-5-4　钢筋距边模保护层

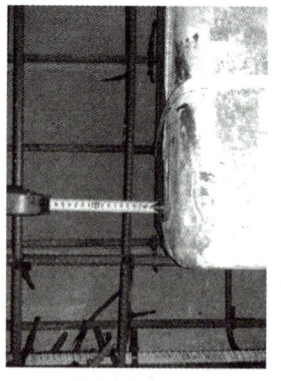

图3-5-5　钢筋距轨枕保护层

（3）钢筋搭接长度、搭接接头位置相错量、搭接率应满足设计要求，搭接处按设计要求进行绝缘固定，如图3-5-6～图3-5-8所示。

图 3-5-6　钢筋搭接

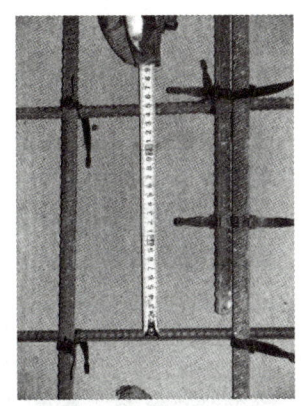
图 3-5-7　钢筋间距

图 3-5-8　底层钢筋绑扎

4. 框架轨排拼装

轨排框架进场应逐个验收，其允许偏差应符合表 3-5-3 的要求。

表 3-5-3　轨排框架允许偏差

序号	检测项目	允许偏差
1	轨距	±0.5 mm
2	轨底坡	1/38～1/42
3	排架长度	±1 mm
4	对角线	3 mm
5	钢轨直线度及平面度	0.5 mm/m
6	钢轨高度偏差	0.3 mm
7	接头钢轨错牙	0.5 mm
8	中心标与两钢轨对称偏差	0.2 mm

（1）轨排组装。

轨排组装应符合下列规定：

① 采用机械化匀枕平台或人工将轨枕按设计间距排放整齐，如图 3-5-9、图 3-5-10 所示。

图 3-5-9　散枕

图 3-5-10　轨排吊设

② 轨排组装前，应将轨枕承轨台、轨排框架清理干净。

③ 采用专用吊装设备将轨排框架吊起，平稳、缓慢地放置于轨枕上；吊装过程中应注意保护轨排框架及轨枕，防止碰撞。

④ 安装扣件将轨排框架与轨枕组装成轨排，扣件紧固时应保证扣压力达到设计要求，扣件各部位密贴。

⑤ 轨排组装后应对轨距、轨枕间距锚固螺栓扭矩、扣件弹条与轨底之间的间隙进行检查，轨距、轨枕间距允许偏差应符合表 3-5-4、表 3-5-5 的要求。

表 3-5-4　轨排组装允许偏差

序号	检查项目	允许偏差
1	轨距	±1 mm
2	轨枕间距	±5 mm

表 3-5-5　轨排组装检查验收标准

序号	检查项目	检验标准	检验方法
1	螺栓拧紧扭矩	150～170 N·m	扭矩扳手
2	轨枕间距	±5 mm	轨检尺
3	轨缝	10～30 mm	尺测，每个轨缝检验一次

（2）轨向调节器安装。

轨向调节器安装应符合下列规定：

① 轨向调节器安装前应清理干净。

② 直线地段每隔 3 根轨枕、曲线地段每隔 2 根轨枕安装一对轨向调节器，同时应在轨排端头第一根轨枕后安装一对轨向调节器。各部螺栓应紧固到位。

5. 轨排粗调

轨排粗调应符合下列规定：

（1）通过起道机和轨排框架横向、高低调整装置进行轨排粗调。

（2）每榀轨排框架宜配备 4 个手摇起道机对称同时起道，起道机应顶在轨底，不得直接顶在轨头或轨腰及两个横梁之间。不宜直接采用竖向螺杆起道。

（3）起道机同时提升轨排达到设计高度后，利用起道机下的横向滑板向左或向右移动调整至轨排框架中线与线路中线误差小于 10 mm。

（4）利用横向调节器，调整轨排框架中线到线路中线处；调整竖向螺杆，调整轨道水平、高低。按先中线后水平的顺序循环进行调整，直至符合标准要求。

（5）粗调后顶面标高应略低于设计轨顶标高。轨顶标高允许偏差为 -5～0 mm，中线位置允许偏差为 5 mm。

（6）调整后应检查螺杆是否受力，如未受力则拧紧调整附近的螺杆。缝宜控制在 10～30 mm。钢轨接头处应平顺，不得有错牙及错台。

（7）轨排粗调检查验收标准如表 3-5-6 所示。

表 3-5-6 轨排粗调检查验收标准

序号	检查项目	允许偏差	检验方法及数量
1	轨排轨顶标高	-5～0 mm	全站仪检查 62 处
2	轨道至设计中线位置	5 mm	全站仪检查 62 处

6. 绑扎钢筋

绑扎钢筋主要包括铺设上层钢筋、绑扎道床板钢筋网和道床板钢筋接地焊接及绝缘性能检查。

（1）铺设上层钢筋、绑扎道床板钢筋网应符合下列规定。

① 钢筋的规格数量、位置应正确，钢筋的搭接长度保护层厚度应满足设计要求。

② 纵、横向钢筋及轨枕桁架交叉点均应绝缘绑扎牢固，如图 3-5-11 所示。

图 3-5-11 绑扎上层钢筋

（2）道床板钢筋接地焊接及绝缘性能检查应符合下列规定。

① 接地钢筋采用单面搭接焊，焊缝长度、宽度及高度应符合设计要求。

② 接地端子的焊接应在轨道精调完成后进行，端子表面应加保护膜，焊接时应保证其与模板密贴。

③ 绝缘钢筋的绝缘电阻实测值应大于 2 MΩ。

7. 立设模型加固

模板安装应符合下列规定：

（1）模板安装前应将道床内杂物清理干净。

（2）检查模板状态是否良好，模板应清洁、无损坏、变形。模板安装应顺直且与下部结构物垂直，无错台、错牙现象，并加固牢靠，如图 3-5-12 所示。

图 3-5-12　模板安装

（3）模板底部应使用弹性胶垫或干硬性砂浆封堵，防止混凝土浇筑时漏浆。

（4）钢筋保护层厚度应符合设计要求，允许偏差为 +10 ~ 0 mm。

（5）模板与混凝土接触面应清理干净并涂刷脱模剂。模板安装后，模板的几何尺寸应符合相关标准要求。

（6）路基与桥梁相接处及路基与隧道相接处，无砟道床应按设计要求设置横向伸缩缝，横向缩缝应设置通缝，并按设计要求做好防水处理。

8. 轨排精调

轨排精调应符合下列规：

（1）轨道几何状态测量仪、全站仪及精调测量应符合规定。

（2）精调顺序为先中线后高程。

（3）轨道中线应采用轨向调节器调整，一次可调整 2 组，两侧应同时进行调整。

（4）轨道水平、高低应采用竖向调节螺杆调整。调整后应检查螺杆是否受力，如未受力则拧紧附近的螺杆，如图 3-5-13 所示。

（5）轨排第一遍精调完成后的偏差应小于 1 mm，相邻轨排用钢轨连接夹具进行连接，连接夹具处扣件应安装到位。钢轨接头处应平顺，不得有错牙或错台。再次对轨排进行精调，精调完成后应采用轨道几何状态测量仪对轨枕进行逐根检测调整，使轨道几何形位允许偏差符合表 3-5-7 的规定。

表 3-5-7 轨排几何行位允许偏差

序号	项目		容许偏差	备注
1	轨距		±1 mm	相对于标准轨距 1 435 mm
			1/500	变化率
2	轨向		2 mm	弦长 10 m
			2 mm/测点间距 8a（m）	基线长 48a（m）
3	高低		2 mm	弦长 10 m
			2 mm/测点间距 8a（m）	基线长 48a（m）
4	水平		2 mm	不包含曲线、缓和曲线上的超高值
5	扭曲		2 mm	基长 3 m 包含缓和曲线上由于超高顺坡所造成的扭曲量
6	轨面高程	一般情况	±2 mm	站台处的轨面标高不应低于设计值
		紧靠站台	0～2 mm	
7	轨道中线		2 mm	—
8	线间距		0～5 mm	—

注：1. 表中 a 为扣件节点间距，单位：m。
　　2. 轨向允许偏差不包含曲线。

（6）轨排精调到位后，应安装固定装置，防止混凝土浇筑时轨排横向移位及上浮，并采集数据作为轨道精调数据。

（7）精调合格后，轨排上不得进行任何作业或踩踏。

（8）轨排精调时气象及环境条件应符合相关规定。

（9）轨排精调好后，应及时浇筑混凝土。如间隔时间过长，或环境温度变化超过 15 ℃，或受到外部条件影响，应重新检查或调整轨排。

图 3-5-13　轨排精调

9. 质量检查

严格掌握技术规范和质量标准，对施工过程中的每道工序和环节必须实施有效的质量控制措施。

（1）双块式轨枕及扣件的型号、规格应符合设计要求。双块式轨枕的表面应无裂纹，预埋套管内不应有混凝土淤块。

检验数量：施工单位、监理单位全部检查。

检验方法：观察检查。

（2）轨排组装用工具轨应采用与正线轨型相同的钢轨，工具轨应无磨损、变形、损伤、毛刺等。

检验数量：施工单位、监理单位全部检查。

检验方法：观察检查。

（3）精调完成后轨道几何形位允许偏差应符合规定。

检验数量：施工单位、监理单位全部检查。

检验方法：施工单位采用全站仪及轨道几何状态测量仪连续检测，监理单位见证检验。

（4）轨排固定装置应有足够的强度、刚度和稳定性，其材料质量及结构应符合施工工艺设计要求。固定装置应安装牢固，确保混凝土浇筑时轨排不发生移位和变形。

检验数量：施工单位、监理单位全部检查。

检验方法：施工单位检查相关工艺设计资料及材料质量证明文件，观察测量；监理单位见证检验。

（5）双块式轨枕表面应无碰损，桁架钢筋应无锈蚀掉块、扭曲变形，并不应有开焊或松脱。

检验数量：施工单位全部检查。

检验方法：观察检查。

（6）轨排组装应符合下列规定：轨排组装前应检查确认轨枕、工具轨及扣件等无污染；轨排左右两根工具轨的端部接继应在同一位置，偏差不应大于 100 mm；轨枕应方正，间距允许偏差不应大于 5 mm；扣件应安装正确，无缺少、无损坏、无污染，扭力矩达到设计标准，弹条中趾下颚与轨距挡板应密贴，最大空隙不应大于 0.5 mm。

检验数量：施工单位全部检查。

检验方法：观察检查、尺量。

【技能实训】

根据课程内容，完成表 3-5-8。

【BIM 技术应用实战】

任务：创建 CRTS 双块式无砟轨道道床板
（1）新建族，选择公制常规模型。
（2）参照标高上绘制轨道板，选择创建工具（拉伸）。

表 3-5-8　××工程轨排组装、调整检验批质量验收记录表

单位工程名称						
分部工程名称						
分项工程名称				验收部位		
施工单位				项目负责人		
参考标准	《高速铁路轨道工程施工质量验收标准》（TB 10754—2018）					
	施工质量验收标准的规定			施工单位检查评定记录		监理单位验收记录
主控项目	精确调整后的轨排几何形位允许偏差	1	轨距	±1 mm		
				1/1 500		
		2	轨向	2 mm		
				2 mm/测点间距 8a（m）		
		3	高低	2 mm		
				2 mm/测点间距 8a（m）		
		4	水平	2 mm		
		5	扭曲	2 mm（基长 3 m）		
		6	轨面高程	一般情况	±2	
				紧靠站台	0～2 mm	
		7	轨道中线	2 mm		
		8	轨间距	0～5 mm		
施工作业人员质量责任登记	各工序工班长（实名制信息录入人员）					
施工单位检查评定结果	专职质量检查员：				年　月　日	
	分项工程技术负责人：				年　月　日	
	分项工程负责人：				年　月　日	
监理单位验收结论	监理工程师：				年　月　日	

（3）绘制轨道板廓 6 500 mm×2 500 mm，从"属性"选项卡中选择拉伸起点为 0.0，拉伸终点为 260.0；选择材质为 C40 混凝土，如图 3-5-14 所示。

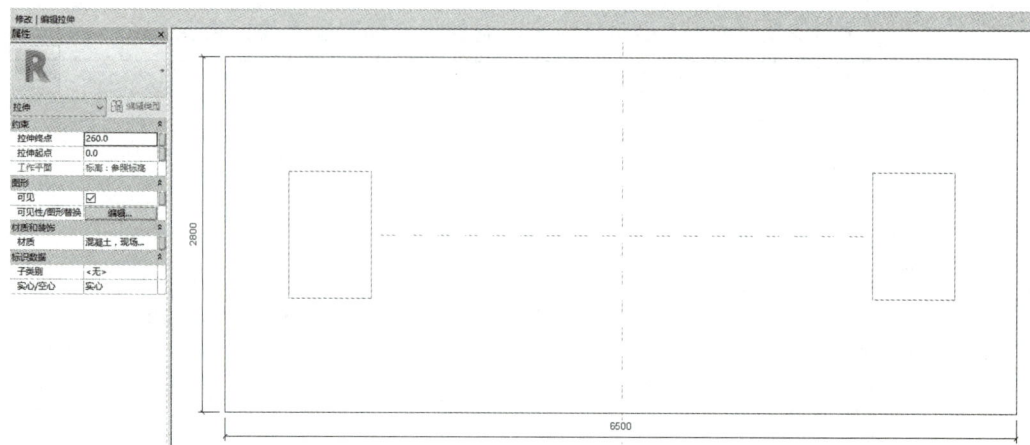

图 3-5-14　道床板参数设置

（4）利用拉伸工具，考虑弹性垫层厚度，在道床的底部绘制出道床的凸台，其参数如图 3-5-15 所示。

（5）完成后的三维模型如图 3-5-16 所示。

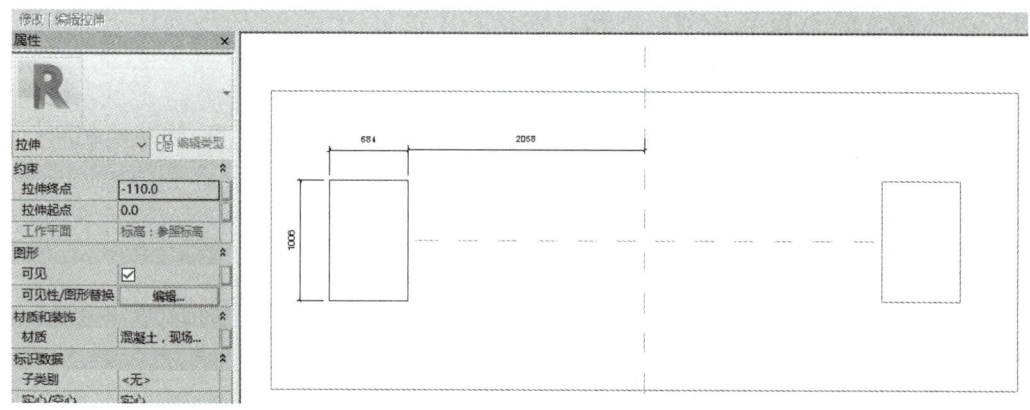

图 3-5-15　道床板凸台参数设置

图 3-5-16　CRTS 双块式道床板三维模型

【任务评价】

学习效果 （10分）	团队协作 （10分）	匠人精神 （10分）

学习点评：

任务六 道床板混凝土施工

任务目标

知识目标	能力目标	素养目标
（1）了解 CRTS 双块式无砟轨道道床板混凝土施工主要施工机械设备； （2）掌握 CRTS 双块式无砟轨道道床板混凝土施工过程； （3）掌握 CRTS 双块式无砟轨道各部分结构的位置关系	（1）能够进行 CRTS 双块式无砟轨道道床板混凝土施工； （2）能够建立 CRTS 双块式无砟轨道的模型； （3）掌握 CRTS 双块式无砟轨道道床板混凝土施工质量检查的要点	（1）具有吃苦耐劳、团队协作、不断学习的精神； （2）具有较强的情绪调节、环境适应、信息处理、分析总结和组织能力； （3）具有严格按照相关规范操作的意识

任务知识

施工前，技术人员应阅读施工图纸及相关的通用图纸和规范，掌握道床板混凝土施工作业的设计要求和验收标准，制订施工作业技术交底、安全保障措施及应急措施，对施工作业人员进行岗前技术、安全培训和考核，合格后方可上岗。道床板位于轨道结构的最上层部位，如图 3-6-1 和图 3-6-2 所示。

图 3-6-1　CRTS 双块式无砟轨道　　　　　图 3-6-2　道床板

知识点一　管理环节

1. 道床板混凝土施工

CRTS 双块式无砟轨道道床板混凝土施工流程如表 3-6-1 所示。

2. 设备机具配置

CRTS 双块式无砟轨道道床板混凝土施工主要机械设备如表 3-6-2 所示。

表 3-6-1 道床板混凝土施工流程

序号	项目过程	序号	项目过程
1	施工准备	4	拆除螺杆调整器、模板等
2	道床板混凝土浇筑、抹面	5	伸缩缝填缝、预留孔洞封堵
3	道床板混凝土养护	6	质量验收

表 3-6-2 主要施工机械设备

序号	设备名称	序号	设备名称
1	混凝土搅拌站	17	混凝土切割机
2	混凝土罐车	18	冲击钻
3	泵车	19	扭力扳手
4	小龙门（含电动葫芦、吊具）	20	重型扳手
5	轨排框架	21	高压水枪
6	轨排框架	22	水罐车
7	汽车吊	23	混凝土抹子
8	捣固棒	24	压机
9	双头电动搬手	25	切割机
10	螺杆调节器	26	砂轮机
11	纵横向模板	27	起道器
12	发电机	28	平板车
13	电焊机	29	撬棍
14	空压机（移动式）	30	斜口钳
15	钢筋切断机	31	对讲机
16	钢筋弯曲机		

知识点二　操作环节

1. 施工准备

轨排精确调整、固定完毕且验收合格后，方可逐段浇筑道床混凝土。道床板混凝土浇筑前的准备工作应符合下列要求：

（1）清理支承层或底座表面的杂物。

（2）复测轨排几何形位、钢筋、模板及轨排固定装置状态，复测接地及绝缘性能。满足要求后方可进行混凝土浇筑。

（3）对钢轨、扣件、螺杆调节器和轨枕等采取防护措施，避免混凝土污染，如图 3-6-3 所示。

知识点测试：CRTS双块式无砟轨道道床板混凝土施工

图 3-6-3　浇筑前保护设施

（4）对调节螺栓安装保护套，便于混凝土浇筑后拆卸。

（5）对浇筑道床板范围的支承层或底座及轨枕洒水湿润，不得有积水，如图 3-6-4 所示。

图 3-6-4　浇筑前润湿

（6）混凝土浇筑前应提前报检，并经现场监理检查确认满足浇筑条件后方可开始浇筑。

（7）混凝土道床板浇筑前应将绑扎钢筋的绝缘卡绑扎带露出部分剪除并清理干净。

2. 道床板混凝土浇筑、抹面

（1）道床板混凝土浇筑。

道床板混凝土浇筑应符合下列规定：

① 混凝土用原材料、配合比设计、拌制、运输、浇筑及钢筋连接、安装等均应符合《铁路混凝土工程施工质量验收标准》（TB 10424—2018）的有关规定。钢筋的绑扎应按要求进行绝缘处理，并对绝缘性能进行检查确认。

② 混凝土应由拌和站集中拌和，通过搅拌车运输。每车混凝土须做坍落度检查，坍落度应满足设计要求。

③ 应根据施工进度、运量、运距及路况，选配混凝土运输用车型和数量。

④ 拌制混凝土应按配合比准确称量。混凝土在拌制过程中应严格控制坍落度，每班测定

不应少于 2 次。当混凝土运输距离较长时，应在拌制和浇筑现场分别检查。

⑤ 混凝土的强度等级应符合设计规定。混凝土浇筑时，应留取强度检验试件。同一配合比，每班次应至少取 1 组检验试件。混凝土强度的检验评定应符合《铁路混凝土强度检验评定标准》（TB 10425—2019）和设计文件有关规定。

⑥ 当工地昼夜平均气温连续 3 d 低于+5 ℃ 或最低气温低于-3 ℃ 时，应采取冬期施工措施，混凝土的入模温度不应低于 5 ℃；当工地昼夜平均气温高于 30 ℃ 时，应采取夏期施工措施，混凝土入模时的温度不宜超过 30 ℃。

⑦ 各种类型的无砟轨道混凝土底座施工时，底座模板宜采用可调高模板，确保模板顶面高程无级可调，达到规范要求。

⑧ 模板安装应稳固牢靠，内侧面应平整，接缝应严密。模板与混凝土的接触面必须清理干净，并涂刷隔离剂。

⑨ 混凝土浇筑时的自由倾落高度不宜大于 2 m；当大于 2 m 时，应采用滑槽、溜管等设施辅助下落。出料口距混凝土浇筑面的高度不宜超过 1 m，保证混凝土不出现离析现象，如图 3-6-5 所示。

图 3-6-5　混凝土浇筑

⑩ 底座板混凝土应按施组分段，一次连续浇筑完成，不得中断。

⑪ 在混凝土浇筑期间，应设专人检查支架、模板、钢筋和预埋件等的稳定情况，发现有松动、变形、移位时应及时处理。

⑫ 混凝土施工缝的界面应与线路中心线垂直，施工缝宜设在设计伸缩缝处，不得随意留置施工缝。

（2）道床板混凝土浇筑的特殊规定。

道床板混凝土浇筑除应符合混凝土现场浇筑外还应符合下列规定：

① 宜按低坍落度、低水灰比、低胶凝材料、高含气量进行道床板混凝土配合比设计。

② 混凝土浇筑宜按"之"字形浇筑顺序均匀布料。混凝土应从轨枕一侧经轨枕底部漫流至另一侧，以便排出轨枕底下的空气。

③ 混凝土入模时，应采取措施避免对轨排造成冲击，在捣固过程中应避免振捣器碰撞工

具轨、螺杆调节器、轨枕及道床板钢筋。

④ 应采用振动棒进行振捣，插点布置应均匀，不漏振。应加强轨枕四周及底部位置混凝土振捣，确保混凝土密实；避免漏振和欠振。

⑤ 混凝土浇筑过程中，应随时监测轨排几何形位的变化和绝缘卡是否脱落。发现问题后及时进行调整。

⑥ 道床板混凝土浇筑完成后，顶面收面压光施工应符合下列规定：

a. 道床板混凝土浇筑完成后，收面至少分 3 次进行，在混凝土入模振捣后应及时采用木抹完成粗平，随后使用钢抹抹平，最后在混凝土初凝前进行抹面压光。抹面时应采用原浆抹面压光，不得洒水润面或采用干水泥吸水，如图 3-6-6 所示。

b. 收面过程中，应按设计要求设置排水坡，并严格控制道床板顶面的标高和平整度。

c. 收面完成后，应及时覆盖洒水或蓄水养护，对风大的地段应采取遮挡措施，防止道床板表面产生裂纹或龟裂。

图 3-6-6　混凝土收面

⑦ 混凝土浇筑后，应及时清理钢轨、扣件、轨排框架、螺杆调节器、轨枕上残留的混凝土，保证轨道的滑洁，如图 3-6-7 所示。

图 3-6-7　清洗扣件

⑧ 初凝后放松扣件及螺杆调节器。

混凝土初凝后，应及时松开螺杆调节器、扣件和钢轨连接夹具，释放应力，如图3-6-8所示。具体松开螺杆调节器和扣件等的时机应根据施工条件经工艺试验提前确定。混凝土施工缝的界面应与线路中心线垂直，施工缝宜设在设计伸缩缝处，不得随意留置施工缝。当路基和隧道地段混凝土浇筑中断时间超过24 h时，应严格按设计要求对混凝土道床板接茬处进行处理。剩余的混凝土应集中处理。现场洒落的混凝土应及时清理干净。

图3-6-8　放松扣件

3. 混凝土养护

道床板混凝土采用喷涂养护液养护或喷雾、覆盖和洒水养护，如图3-6-9、图3-6-10所示，最低养护期限要求见表3-6-3；混凝土浇筑4 h后螺杆放松1/4～1/2圈，提松横向模板和施工缝模板，扣件全部松开，释放轨道在施工过程中由温度和徐变引起的变形。操作时注意不要扰动轨排。轨道板外形尺寸偏差应符合表3-6-4的要求。

图3-6-9　喷雾养护　　　　　　　图3-6-10　土工布洒水养护

表 3-6-3　混凝土湿养护的最低期限

混凝土类型	水胶比	湿度≥50%，无风，无阳光直射		湿度＜50%，有风，或阳光直射	
		日平均气温 $T/℃$	潮湿养护期限/d	日平均气温 $T/℃$	潮湿养护期限/d
掺有矿物掺合料	<0.45	$5≤T<10$	14	$5≤T<10$	21
		$10≤T<20$	10	$10≤T<20$	14
		$20≤T$	7	$20≤T$	10

表 3-6-4　混凝土道床板外形尺寸检查表

序号	检查项目	检验标准
1	顶面宽度	±10 mm
2	道床板顶面与承轨台面相对高差	5 mm
3	中线位置	2 mm
4	平整度	3 mm/1 m
5	伸缩缝位置	10 mm
6	伸缩缝宽度	±5 mm

混凝土表面必须密实、平整，颜色均匀，不得有露筋、蜂窝、孔洞、疏松、麻面和缺棱掉角等缺陷。

4. 拆除螺杆调整器、模板等

拆除螺杆调节器、模板、轨排框架或工具轨应符合下列要求：

（1）道床板混凝土正式施工前，应根据施工条件及环境，提前对拆除螺杆调节器、模板及轨排框架或工具轨的时机进行工艺试验，确定相关工艺参数，形成作业指导书。

（2）道床板混凝土正式施工时，应按试验确定工艺参数及作业指导书要求，及时松开螺杆调节器、扣件和钢轨连接夹具，释放应力。

（3）模板拆除时，应在松开纵横向模板的连接后，人工配合吊装设备按施工方向从后向前依次逐块拆除模板。

（4）拆除轨排框架，应先拆除框架调节器螺杆，在拆除扣件拆除时按施工方向从后向前依次逐个进行。轨排框架拆除后，及时检查框架的几何尺寸，清除轨底及轨面上附着的混凝土或其他污染物。

（5）拆除螺杆调节器、模板及轨排框架或工具轨时应避免对道床板混凝土的碰撞。

（6）拆除下来的螺杆调节器、模板及轨排框架或工具轨应及时清理干净或涂油，并分类存放，小件集中转运，不得堆放在道床板上。

5. 伸缩缝填缝、预留孔洞封堵

拆除螺杆后留下的孔洞应采用同强度无收缩混凝土及时进行封堵。对道床的缺棱掉角及局部混凝土缺陷应进行修补和整修。

线上试验段施工时，轨排框架拆除后，应铺设检测钢轨，在无太阳直射和温度变化不大的环境下，对轨道几何状态进行复测并记录测量结果，对偏差超出标准的点进行标注和分析，方便后续施工及时解决存在的问题，同时为轨道精调整理时的调整扣件工作准备提供参考。检测轨拆除后，扣件螺栓应及时拧紧，避免沙尘进入扣件套管。

6. 质量检查

（1）轨排组装、调整及固定。

① 主控项目。

a. 双块式轨枕及扣件的型号、规格应符合设计要求。双块式轨枕的表面应无裂纹，预埋套管内不应有混凝土淤块。

检验数量：施工单位、监理单位全部检查。

检验方法：观察检查。

b. 轨排组装用工具轨应采用与正线轨型相同的钢轨，工具轨应无磨损、变形、损伤、毛刺等。

检验数量：施工单位、监理单位全部检查。

检验方法：观察检查。

c. 轨排精调后几何形位允许偏差如表 3-6-5 所示。

表 3-6-5　轨排几何行位允许偏差

序号	项目		容许偏差	备注
1	轨距		±1 mm	相对于标准轨距 1 435 mm
			1/500	变化率
2	轨向		2 mm	弦长 10 m
			2 mm/测点间距 8a（m）	基线长 48a（m）
3	高低		2 mm	弦长 10 m
			2 mm/测点间距 8a（m）	基线长 48a（m）
4	水平		2 mm	不包含曲线、缓和曲线上的超高值
5	扭曲		2 mm	基长 3 m 包含缓和曲线上由于超高顺坡所造成的扭曲量
6	轨面高程	一般情况	±2 mm	站台处的轨面标高不应低于设计值
		紧靠站台	2 mm	
7	轨道中线		2 mm	—
8	线间距		+5 mm	—

注：1. 表中 a 为扣件节点间距，单位：m。
　　2. 轨向允许偏差不含曲线。

检验数量：施工单位、监理单位全部检查。

检验方法：施工单位采用全站仪及轨道几何状态测量仪连续检测；监理单位见证检验。

d. 轨排固定装置应有足够的强度、刚度和稳定性，其材料质量及结构应符合施工工艺设计要求。固定装置应安装牢固，确保混凝土浇筑时轨排不发生移位和变形。

检验数量：施工单位、监理单位全部检查。

检验方法：施工单位检查相关工艺设计资料及材料质量证明文件，观察测量；监理单位见证检验。

② 一般项目。

a. 双块式轨枕表面应无碰损，桁架钢筋应无锈蚀掉块，扭曲变形，并不应有开焊或松脱。

检验数量：施工单位全部检查。

检验方法：观察检查。

b. 轨排组装应符合下列规定：

Ⅰ. 轨排组装前应检查确认轨枕、工具轨及扣件等无污染。

Ⅱ. 轨排左右两根工具轨的端部接缝应在同一位置，偏差不应大于 100 mm，轨枕应方正，间距允许偏差不应大于 5 mm。

Ⅲ. 扣件应安装正确，无缺少、无损坏、无污染，力矩达到设计标准，弹条中趾下颚与轨距挡板应密贴，最大空隙不应大于 0.5 mm。

检验数量：施工单位全部检查。

检验方法：观察检查，尺量。

（2）钢筋。

① 主控项目。

a. 钢筋规格、型号应符合设计要求。

检验数量：施工单位、监理单位全部检查。

检验方法：观察检查。

b. 钢筋加工应符合规定，并留存影像资料。

c. 钢筋网绝缘性能应符合设计要求。

检验数量：施工单位每施工段检查 10 处，监理单位平行检验 10%。

检验方法：专用电阻表测试，并留存影像资料。

d. 接地钢筋和接地端子焊接应符合设计要求。

检验数量：施工单位全部检查，监理单位平行检验 10%。

检验方法：观察检查、尺量，并留存影像资料。

② 一般项目。

a. 钢筋加工允许偏差应符合表 3-6-6 的规定。

b. 钢筋骨架的绑扎应稳固，缺扣、松扣的数量不应超过绑扎扣数的 5%。

表 3-6-6　钢筋加工安装允许偏差表

序号	名称	允许偏差
1	受力钢筋全长	±10 mm
2	弯起钢筋的弯折位置	20 mm
3	箍筋内净尺寸	±3 mm
4	受力钢筋间距	±20 mm
5	分布钢筋间距	±20 mm
6	箍筋间距（绑扎骨架）	±10 mm
7	弯起点位置	30 mm
8	保护层厚度	0～10 mm

检验数量：施工单位每施工段两端及中间各检查2处。

检验方法：观察和手扳检查，并留存影像资料。

c. 钢筋的绑扎安装允许偏差应符合表 3-6-7 的规定。

检验数量：施工单位每施工段两端及中间各检查2处。

检验方法：观察检查、尺量，并留存影像资料。

表 3-6-7　钢筋加工安装允许偏差表

序号	检验项目		允许偏差
1	钢筋间距		±20 mm
2	钢筋保护层厚度 C	$C \geqslant 30$ mm	0～10 mm
		$C < 30$ mm	0～5 mm

（3）混凝土。

① 混凝土到达施工现场后，应确认混凝土强度等级、配合比等符合设计及相关要求。

检验数量：施工单位、监理单位全部检查。

检验方法：对照委托单核对拌和站提供的混凝土质量证明文件。

② 混凝土的强度等级应符合设计要求。

检验数量：施工单位同一配合比每班次应取样1次，制作试件。

检验方法：施工单位进行抗压强度试验；监理单位检查试验报告。

③ 混凝土道床板外形尺寸符合表 3-6-8 的要求。

表 3-6-8　混凝土道床板外形尺寸检查表

序号	检查项目	检验标准
1	顶面宽度	±10 mm
2	道床板顶面与承轨台面相对高差	±5 mm
3	中线位置	2 mm
4	平整度	5 mm/1 m
5	伸缩缝位置	10 mm
6	伸缩缝宽度	±5 mm
7	道床板面表面排水坡	−1%～+3%

检验数量：施工单位每 20 m 检查 1 处。

检验方法：专用仪器测量。

④ 混凝土结构表面应密实、平整、颜色均匀，不应有露筋、蜂窝、孔洞、疏松、麻面和缺棱掉角等缺陷。

检验数量：施工单位全部检查。

检验方法：观察检查。

⑤ 混凝土道床板施工完成后，其表面裂缝宽度应符合设计要求，当设计没有明确时，表面裂缝宽度不应大于 0.2 mm。

检验数量：施工单位全部检查。

检验方法：观察检查、刻度放大镜检查。

⑥道床板表面应整平、抹光，表面排水应顺畅，不应积水。

检验数量：施工单位全部检查。

检验方法：观察检查。

【技能实训】

根据课程内容，完成表3-6-9、表3-6-10。

表3-6-9 ××工程混凝土道床板（钢筋）检验批质量验收记录（Ⅰ）

单位工程名称					
分部工程名称					
分项工程名称			验收部位		
施工单位			项目负责人		
参考标准	①《铁路混凝土工程施工质量验收标准》（TB 10424—2018） ②《高速铁路轨道工程施工质量验收标准》（TB 10754—2018）				
		施工质量验收标准的规定		施工单位检查评定记录	监理单位验收记录
主控项目	1	钢筋材质①	第5.2.1条		
	2	钢筋保护层垫块材质①	第5.2.5条		
	3	机械连接接头配件质量①	第5.2.4条		
	4	钢筋弯钩、弯起质量①	第5.3.1条		
	5	机械连接丝头质量①	第5.3.2条		
	6	钢筋连接方式、接头位置①	第5.4.3条		
	7	钢筋接头质量①	第5.4.1条		
	8	直螺纹接头拧紧力矩①	第5.4.2条		
	9	钢筋接头位置、数量①	第5.4.3条		
	10	钢筋品种、规格、数量①	第5.5.1条		
	11	钢筋保护层垫块规格、位置和数量①	第5.5.2条		
	12	钢筋网绝缘处理及绝缘电阻①	第8.5.9条		
	13	接地钢筋焊接和接地端子②	第8.5.10条		
一般项目	1	钢筋外观质量①		第5.2.6条	
	2	允许偏差	受力钢筋全长②	±10 mm	
			弯起筋弯折位置②	±20 mm	
			箍筋内净尺寸②	±3 mm	
			钢筋间距②	±20 mm	
			钢筋保护层厚度①	第5.5.4条	
施工单位检查评定结果	专职质量检查员： 年 月 日 分项工程技术负责人： 年 月 日 分项工程负责人： 年 月 日				
监理单位验收结论	监理工程师： 年 月 日				

表 3-6-10　××混凝土道床板（混凝土）检验批质量验收记录表（Ⅱ）

单位工程名称				
分部工程名称				
分项工程名称			验收部位	
施工单位			项目负责人	
参考标准	《铁路混凝土工程施工质量验收标准》（TB 10424—2018）			
		施工质量验收标准的规定	施工单位检查评定记录	监理单位验收记录
主控项目	1	混凝土用原材料质量	第 6.2.1～6.2.12 条		
	2	混凝土配合比	第 6.3.1～6.3.6 条		
	3	入模含气量	第 6.4.3 条		
	4	入模温度	第 6.4.4 条		
	5	与邻接介质温差及其温度	第 6.4.5 条		
	6	施工缝位置和连接形式	第 6.4.6 条		
	7	施工缝处理	第 6.4.7 条		
	8	标准养护强度试件取样、留置	第 6.4.10 条		
	9	标准养护弹性模量试件取样、留置	第 6.4.11 条		
施工单位检查评定结果		专职质量检查员： 分项工程技术负责人： 分项工程负责人：		年　月　日 年　月　日 年　月　日
监理单位验收结论		监理工程师：		年　月　日

【BIM 技术应用实战】

任务：完成 CRTS 双块式无砟轨道布置。

（1）"新建项目"—"结构样板"，绘制轨道标高和轴网，如图 3-6-11、图 3-6-12 所示。

（2）将各设备插入对应的标高和轴网中。

① 将底座居中放置在底座标高上，如图 3-6-13 所示。

视频：CRTS 双块式无砟轨道布置

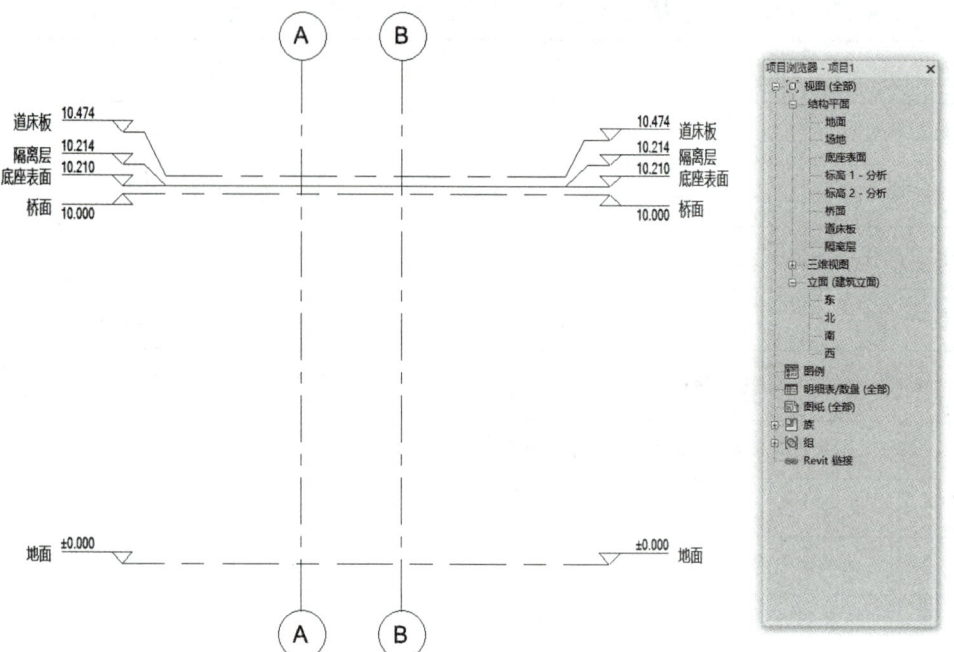

图 3-6-11 标高（桥面标高为假设）

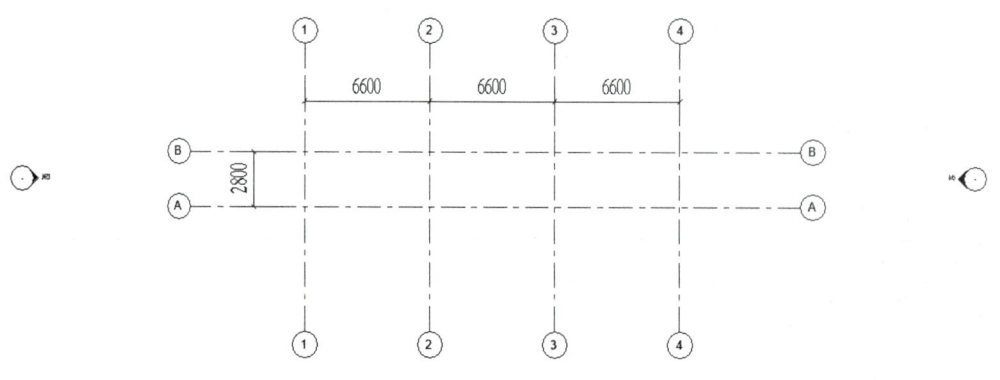

图 3-6-12 轴网

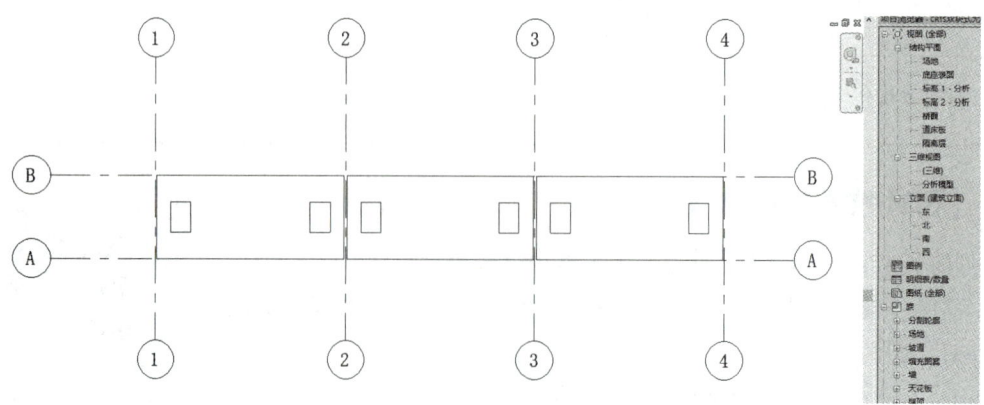

图 3-6-13 底座布置

② 将隔离层及弹性垫层居中放置在底座上，如图 3-6-14 所示。

③ 将 SK-2 型双块式轨枕架设在道床板上，并按照轨枕间距 650 mm 均匀布置，如图 3-6-15 所示。

④ 将道床板居中放置在道床板标高上，如图 3-6-16 所示。

（3）保存文件为"CRTS 双块式无砟轨道.rvt"。

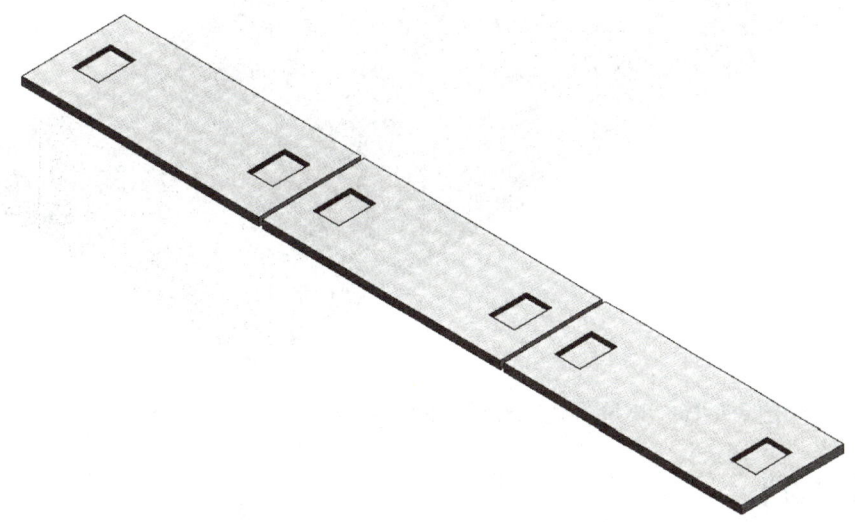

图 3-6-14　隔离层及弹性垫层布置

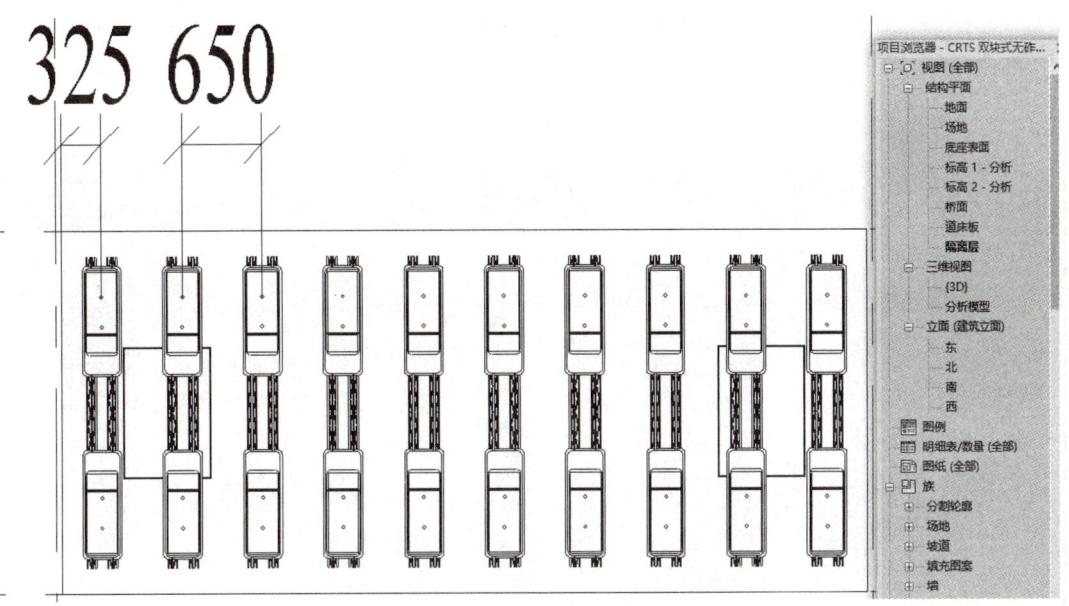

图 3-6-15　SK-2 型双块式轨枕布置

图 3-6-16　布置好道床板的 CRTS 双块式无砟轨道三维模型

【任务评价】

学习效果 （10分）	团队协作 （10分）	匠人精神 （10分）

学习点评：

项目四　道岔及其 BIM 技术应用

任务一　高速铁路有砟道岔铺设

任务目标

知识目标	能力目标	素养目标
（1）掌握高速铁路有砟道岔组成部件； （2）掌握高速铁路有砟道岔的施工方法和步骤； （3）掌握高速铁路有砟道岔的施工质量检验验收要点	（1）能够进行道岔施工铺设现场的作业指挥，完成技术交底； （2）能够正确进行道岔质量验收	（1）具有吃苦耐劳、团队协作、不断学习的精神； （2）具有较强的情绪调节、环境适应、信息处理、分析总结和组织能力； （3）具有严格按照相关规范操作的意识

任务知识

铁路道岔是铁路轨道的重要组成部分和关键设备，其发展水平集中体现了一个国家铁路轨道的发展水平。我国道岔工业从无到有，从小到大，其发展基本同步或略滞后于轨道的发展。自 2005 年至今，我国铁路道岔工业抓住了高速铁路和重载铁路建设大发展的机遇，在道岔设计、制造、铺设和运营维护方面取得显著进步，完全实现了与铁路轨道的同步发展，总体达到国际先进水平。本次任务内容以高速铁路有砟道岔为例，讲解道岔铺设的施工流程和注意事项。

知识点一　管理环节

1. 铺设技术要求

（1）道岔供应商应提供铺设图和相关资料，并进行铺设技术指导。
（2）道岔供应商应提供弹性夹安装、辊轮调整等道岔组装和维修的专用工具。
（3）道岔铺设承担者应具有和所铺设道岔类型相匹配的施工机具，并对作业人员进行技术培训。

知识点测试：高速铁路有砟道岔铺设

（4）道岔铺设可采用原位铺设法（简称原位法）或预组装道岔平移就位铺设法（简称移位法）。

（5）应遵循"专业化、机械化、标准化"原则，采用专用机械设备按技术条件及铺设图进行铺设和检验。

（6）铺设前应核查托运单及装箱单所列的道岔零部件品种、规格及数量，并检查外观和质量保证文件。

（7）铺设前路基填料、外形尺寸、压实度及工后沉降应符合相关技术要求。

（8）应在完成道岔区路基或桥梁工程施工，工程质量验收合格及测设道岔区精测网后进行道岔铺设。

（9）应按测设的控制基桩确定道岔铺设位置。

（10）道岔验收合格后方可放行机车车辆。

2. 作业准备

（1）外业技术准备。

① 施工调查，对土建工程施工情况及道岔铺设条件进行详细调查。调查施工线路，确定道岔运输路线，选定吊装地点。根据确定的道岔施工方案，做好铺岔场地、施工便道等临时工程的施工准备工作。

② 轨道工程与线下工序的交接。

③ 落实道岔钢轨及岔区桥后连接范围内的钢轨材质，提前进行钢轨焊接型式试验。

④ 根据确定的道岔施工方案，落实各项施工机具设备。

⑤ 道岔控制基标测量前，按照《高速铁路工程测量规范》（TB 10601—2009）的相关规定，组织测量人员对CPⅢ点进行复核。当CPⅢ点复核测量结果与线下施工单位接收的CPⅢ点测量成果不满足限差要求，则上报监理单位，和土建施工单位组成联合测量组，对CPⅢ点进行复测。依据经复测后的CPⅢ控制点，采用全站仪自由设站，测设道岔控制基标。

⑥ 道岔所含轨件及岔枕进场并已经过场内预拼装。

⑦ 应就接口工程施工顺序、施工便道、施工场地、道岔运输与吊卸、道岔工电联调、跨区间无缝线路施工等事宜与有关单位做好沟通和协调工作，划分施工界面，明确各自的工作内容和配合事宜。

⑧ 根据道岔铺设施工方案，提前做好道岔进场验收及临时存放工作。

（2）内业技术准备。

① 根据合同文件明确各专业的工作范围。熟悉设计文件以及高速铁路有砟道岔相关规范、规程、技术条件等。

② 收集车站表、曲线表、坡度表、断链表、CPⅢ测量控制网等资料，对铺岔施工资料进行核对，并做好相关复测工作。组织有关人员到现场查看，做好记录。

③ 对道岔施工各工序操作人员进行技术安全培训，考核合格后持证上岗。

④ 完成道岔图纸及道岔拼装图的会审以及对现场的交底工作，计算道岔点位坐标。

（3）人员及机械配备。

① 按照施工方案，落实运输、吊装、焊接等设备，做好铺设道岔基地、施工便道等临时工程的建设工作。

② 组建高速道岔施工架子队，配齐运输、机械、测量等工种操作人员。
③ 施工检验仪器、器具等检测设备须经过计量单位检校标定。
④ 吊装的构件和索件经过结构检算，满足作业要求。
⑤ 配置高速道岔专用调整工具。
⑥ 道砟检验、道岔钢轨型式试验已完成。

3. 施工流程及施工工艺

（1）施工程序。

道岔施工主要程序见表 4-1-1。

表 4-1-1　道岔施工主要程序

序号	项目	序号	项目
1	道岔中心及方向确定	9	人工上砟整道
2	道床平整压实	10	道岔轨道状态全面检查
3	摊平道砟	11	初步调整
4	碾压道床	12	钢轨焊接
5	搭设组装平台	13	道岔精调
6	组装道岔	14	转换设备安装
7	顶起道岔	15	工电联调
8	拆除组装平台调整道岔高程	16	静动态检

（2）工艺流程。

道岔施工工艺流程见表 4-1-2。

表 4-1-2　道岔施工工艺流程

序号	施工项目过程	序号	施工项目过程
1	施工准备（机械进场、场地清理）	8	粗调
2	底层道砟摊铺、碾压	9	补砟、起道、捣固
3	岔枕摆放	10	道岔内铝热焊
4	基本轨、尖轨组件就位	11	道岔精调
5	摆放扣件	12	安装转换设备、验收
6	辙叉组件就位	13	工电联调
7	钢轨安装	14	质量检查

知识点二　操作环节

1. 测量放线

道岔原位组装时，利用 CPⅢ控制网，依据道岔等相关设计图纸，分别放样岔心、岔前、岔后、岔前 100 m 和岔后 100 m 控制基标，基标采用混凝土包裹钢筋桩，桩顶必须刻十字丝，确保桩位准确无误,并建立道岔控制网。道岔前后至少各 50~100 m 线路范围应同道岔区完成联测,以便于控制线路与道岔平顺连接。

2. 摊铺道砟

道岔区线下工程施工完成,工程质量验收合格后方可进行此项作业。

道砟摊铺前,测量人员应根据线路中心桩测放出摊铺边线和高程控制线,并对路基基床表面平整度再次检查确认,将路基表面杂物、积水等彻底清除后方可开始摊铺。预铺道砟前,对路基基床表面平整度再次检查确认,将路基表面杂物、积水等彻底清除后方可开始摊铺。

道砟材质符合《铁路碎石道砟》(TB/T 2140—2008)标准。铺道砟前,测设道床摊铺位置、长度、宽度。铺设时按照道床摊铺要求,采用装载机均匀摊铺,平地机整平砟面,压路机压实道床的方法组织施工。

正线道岔预铺道砟应采用压强不小于 160 kPa 的机械碾压,碾压后的岔位道床密度不得小于 1.7 g/cm³。

砟面平整度用 3 m 水平尺检查,允许偏差满足±10 mm/3 m 的要求。预铺道床道砟厚度比设计低 50~60 mm,预留道岔抬道量应不大于 50 mm。道岔前后各 50 m 范围做好顺坡工作。

3. 吊放岔枕

岔枕、道岔组装件及箱装零配件起吊时,不能突起突降,对长岔枕要缩短吊点的距离,防止岔枕变形过大。绳索的吊点应布置在工件重心的两侧,禁止单点起吊长大组装件。吊带必须始终对称布置且固定,吊点最小间距为岔枕总长的一半,吊带与水平线夹角须不小于 60°,该方式对岔枕长度没有限制。

4. 摆放岔枕

(1)从前至后按顺序摆放岔枕。

(2)选好方向,确定第一根岔枕的位置和方向。

(3)确定直股最后一根岔枕位置(里程与中线偏差不超过 2 mm)。以第一根和最后一根岔枕为基线摆放岔枕。用 100 m 长钢尺控制,调整岔枕间隔,不得以岔枕间距累积测量,要特别注意牵引点处的岔枕间距。

(4)方正岔枕,以第一根岔枕为基准方正岔枕,应与调整岔枕间隔一并进行。岔枕定位以直股外侧第一个岔枕螺栓孔为基准拉线确定,岔枕方正应采用两把长钢尺平行放置,按岔枕间距找正。

(5)粗调高低,对高低差明显(以 5 mm 高差区分)的岔枕进行粗调。

(6)调整时严禁用撬棍插入岔枕扣件螺栓套管内撬拨岔枕,并注意保持混凝土枕的清洁,特别是对螺栓孔要严加保护。

(7)利用长钢尺核实岔枕摆放间隔、方正。

5. 安装垫板

(1)道岔扣件垫板因使用部位不同设置了不同的静刚度,组装时须严格区分。辙叉垫板组装时注意垫板型号、左右开向及安装方向。垫板组装时,应保持岔枕位置及方向不变。

（2）安放弹性铁垫板，并使轨底坡朝向轨道内侧，螺栓孔中心与预埋绝缘套管孔对正。

（3）选择适当型号的缓冲调距块安放到弹性铁垫板的复合定位套内，缓冲调距块有四个沟槽面朝下，并保证其下表面与复合定位套下表面齐平。

（4）将盖板安放在弹性铁垫板上，装有橡胶垫圈一面朝下。

（5）选择适当型号的垫板螺栓，套上弹簧垫圈，并将螺纹部分涂满铁路专用油脂，穿过盖板旋入预埋绝缘套管中。

6. 基本轨组件安装

（1）先摆放直基本轨及曲线尖轨组件。

（2）确认跟端支距垫板状态良好，拆除垫板防护罩，基本轨吊卸对位。

（3）确定基本轨前端位置，确定基本轨方向。以道岔中心为基准，定位直曲基本轨端头，采用1号岔枕进行核准。

（4）安装轨距块，注意按设计号数安装，禁止锤击砸入。

（5）外拨基本轨，使基本轨处于与轨距块密贴状态。

（6）安装施维格弹性夹到扣压位置，但不要抬起后端（使弹性夹扣压上基本轨，但不施加扣压力）。

（7）安装外侧弹条。

（8）调整基本轨的方向及岔枕方正，尽量不采用缓冲调距块调整。

（9）紧定岔枕螺栓及弹条扣件系统。

（10）重新检查直基本轨前端位置、方向、岔枕间距及方正。

（11）固定转辙器部分岔枕。

（12）摆放曲基本轨及直线尖轨组件，注意前端与直基本轨端头的方正与位置。摆放顺序及要求同直基尖轨摆放。

7. 可动心轨辙叉组件安装

（1）拆除可动心轨辙叉组件中包装用件（固定心轨位置的包装暂不拆除）。

（2）确认垫板组件安装良好。

（3）吊运可动心轨辙叉组装件，采用人工搬运时，注意不要突然下落。

（4）调整并确认可动心轨辙叉位置，并与岔枕连接。辙叉组件的垫板位置及方向在道岔制造厂内已经调好，没有特殊情况应以辙叉组件垫板确定岔枕位置及间隔。

（5）安装直股普通垫板的轨距块及扣件系统，达到连接及扣压作用，但不要紧锁。在此期间要做好直股方向和道岔全长的确认工作。

（6）方正辙叉跟端尺寸及方向。

（7）测量长心轨股道的道岔全长，确定可动心轨辙叉纵向位置。依据直股方向确定可动心轨辙叉翼轨外侧轨距块的正确性。

（8）摆放并连接其余垫板件，并对导轨进行连接，安装及紧定扣压件。

8. 其他钢轨安装

（1）摆放钢轨件于铁垫板承轨面上的橡胶垫板上，按轨距调整要求放置适当型号轨距块于钢轨和铁座间。

（2）安装 T 形螺栓、平垫圈、螺母和弹条，弹条的紧固以三点接触为准。

（3）检查预留轨缝与道岔全长。

（4）检查轨距方向，如不合适，根据轨距配置表调整轨距块或缓冲调距块，确认合适后以对应扭矩拧紧垫板螺栓，固定垫板。

9. 道岔粗调

道岔的粗调分两步进行，先对道岔直基本轨的位置、轨向调整，在此基础上对道岔的轨距、水平、高低、道岔构件相对位置调整；再对道岔构件密贴项目进行调整。

（1）道岔轨向、水平、高低、轨距调整。

① 道岔轨向、水平、高低。首先通过道岔放样点确定道岔直股的位置及方向（以直基本轨为基准），再通过起道拨道来调整水平、高低、方向。

采用人工上砟，用内燃捣固机进行捣固后，采用道岔捣固机捣固，一次起道量不大于 20 mm，作业时，辙叉及尖轨部分用彩条布覆盖。

利用线路 CPⅢ精测网及轨检小车测量道岔轨距、水平、高低、方向、中线偏差等数据，作为道岔整道及养护的依据。人工用道岔捣固机对牵引点岔枕进行捣固，确保转辙机处岔枕、岔轨稳定。

② 轨距调整。道岔的轨距测量前，先检查钢轨的非工作边轨底与基板挡肩靠是否密贴。确保道岔测量的轨距为真实值。以直基本轨为基准，通过调整轨距块来调整轨距，当还不能满足要求时，可以调整缓冲调距块。

③ 支距调整。支距测量前必须确认岔枕布设间距和累计值对比设计值的误差在 5 mm 范围内。以道岔直基本轨为基准，用支距尺检查曲股导轨，通过设计支距调整曲股导轨位置，再以导轨为基准，检查曲股轨距，调整曲股基本轨。非共用基板的用调整轨距块的方法调整；共用基板的部位一般很少出现需要调整的情况，当必须调整时可在轨底脚与基板挡肩之间加调整片。

（2）直股基本轨外侧控制边设计线型调整。

在道岔 3#枕承轨台以前、39#枕承轨台以后直基本轨外侧选择合适的两个点（该点数据出现频率较高，两点相差±0.3 mm 以内；轨距接近设计值，控制在 0.3 mm 以内），距直基本轨非工作边 100 mm 处用专用弦线架拉弦线，逐承轨台测量轨顶面下 16 mm 处弦线与直基本轨非工作边的距离，根据允许偏差进行调整。

（3）道岔构件密贴项目调整。

道岔密贴控制主要包括：尖轨与基本轨、心轨与翼轨、短心轨与岔跟尖轨；尖轨与顶铁、心轨与顶铁、岔跟尖轨与顶铁；尖轨轨底与滑床台板、心轨与滑床台板密贴；弹条中舌与轨底间隙。

① 轨件间密贴：尖轨、心轨第一牵引点前与基本轨、翼轨密贴间隙要求<0.5 mm，其他部位的轨件密贴间隙要求均<1.0 mm。采用塞尺逐一检查。当道岔的轨向、高低调整好后，轨件间密贴一般均能满足要求。当个别部位需要调整时，根据现场实际情况进行调整。

② 顶铁密贴：用塞尺逐一检查直尖轨与顶铁、心轨与顶铁的密贴，当间隙≥1.0 mm 时要予以调整，调整方法参照现场情况进行处理。严禁现场对道岔顶铁进行不可逆处理。

③ 轨底与滑床台板密贴：按照设计要求，当尖轨打开时，轨底与滑床台板间隙约 0.7 mm；当尖轨闭合时，轨底与滑床台板应密贴，间隙小于 1 mm，且不得连续出现。若不满足上述要

求，现场分析出现的原因，若是因道岔高低不良，则通过整道来调整；若是因辗轮安装高度造成，可通过辗轮调整垫片进行调整。在现场也有同时存在上述两种情况的现象，此时需要采取综合调整。

④尖轨轨底与轮滑床台板密贴调整，具体步骤及注意事项如下：

a. 检验辊轮是否准确就位，以及靠近基本轨侧的第一个辊轮是否能自由滚动。

b. 调整辊轮不要在转辙器闭合状态下进行，要将基、尖轨适当分离，用 0.5 mm 塞尺检查尖轨轨底与每一块滑床板的间隙。

c. 在辊轮高度调整工作完成后，将在尖轨轨脚处剩下的自由螺纹孔螺栓卸掉。

10. 上砟整道

尖轨及可动心辙叉部分用防护布料做好防护后方可回填道砟，边回填边用小型道岔捣固机对道岔下方 15 cm 范围内的道床进行捣固，同时调整道岔高低、方向、水平，使道岔初步就位。拆除起道机，对牵引点、接头处岔枕进行捣固，确保转辙机处岔枕、岔轨稳定。

11. 铝热焊接

焊接流程：轨端干燥、轨端除锈去污、调整轨缝、轨端对正、砂模安装、封箱、钢轨预热、坩埚安装、点火浇筑、拆模、推瘤、打磨、探伤记录。

正线道岔为无缝道岔，应进行铝热焊接，采用铝热焊接设备进行道岔单元焊的施工，施工中应按先岔前，再岔后；先直股，再曲股的顺序焊接。

道岔焊接前，应对道岔几何尺寸、密贴等进行初步精调，精调合格后方可进行道岔内部接头焊接。道岔的内部接头焊接应在设计锁定轨温范围内进行，焊接顺序符合道岔厂家提供的技术资料，道岔内部及岔前、岔后接头均采用铝热焊进行焊接。

在设计锁定轨温时，焊接及锁定过程应采取措施保持限位器子、母块位置居中，两侧间隙差不应大于 0.5 mm，两尖轨尖端相错量不得大于 5 mm。道岔钢轨焊接和打磨时不得拆除尖轨与基本轨组件。焊缝两侧各 400 mm 范围内禁止钻孔或安装其他装置。锁定焊完毕后不应在道岔区进行应力放散。道岔区两端与无缝线路的锁定焊接位置应距道岔不小于 24 m。

道岔与两端无缝线路钢轨焊接前，应在轨面高程、轨向和水平达到设计标准后，方可施焊，并准确记录实际锁定轨温。道岔与区间钢轨焊接前应安装转换设备，进行联合调试，道岔状态应满足相关规定。

12. 道岔精调

道岔精调流程见表 4-1-3。

表 4-1-3　道岔精调主要流程

序号	施工流程	序号	施工流程
1	道岔状态检查	5	捣固作业
2	补砟	6	补砟
3	捣固作业	7	道岔结构尺寸精调整理
4	补砟	8	道岔几何状态检查验收

（1）道岔精调整理前，应对道岔区进行全面检查测量，利用线路精测网及轨检小车测量已铺道岔的轨距、水平、高低、方向、中线、高程等数据，作为道岔精养及养护的依据。

（2）清除轨道表面杂质与灰尘，逐枕对扣件组装质量进行检查与扭矩复拧，对每处钢轨焊缝平直度进行检查与处理，保证测量数值真实有效。

（3）将CPIⅢ坐标数据导入全站仪，道岔相关线性要素输入轨检小车。数据采集时保证每站最远55~65 m，测量时将全站仪架设在轨道中心，以减小测距误差对轨道横向偏移的影响。

（4）根据检测数据，制定道岔精调计划，确保各项点的工作量，统筹兼顾，合理安排，避免互相干扰、重复整治和盲目整治。

（5）捣固作业前，应补充充足的道砟，补砟数量以高出轨枕顶面100 mm为宜。

（6）若使用道岔捣固车捣固时，应每5 m提供起拨道量，每次作业时的起拨道量控制在15 mm左右，每次捣固宜双捣。

（7）道岔区捣固一次完成，同时在岔区前后各200 m范围内进行顺坡，道岔捣固与线路捣固车同样应该进行搭接法作业，保证线岔间的顺接。若采用捣固车对道岔直股进行捣固作业时，应支护长岔枕曲股一端，并用小型捣固机配合捣固，不得伤损岔枕。

（8）道岔作业后应对道床状态进行同步全面的检查，对缺砟地段及时进行补砟。

（9）道岔捣固作业完毕，采用轨道几何状态测量仪检测道岔几何形位指标，结合检测数据精确调整道岔几何尺寸，对不合格项点再次精调整理，使其达到验标要求。

（10）道岔捣固作业时要特别加强对钢轨接头、辙叉部分及钢岔枕的捣固。道岔捣固车不能作业的部位，应使用小型捣固机配合捣固。

13. 工电联调

道岔铺设完成，各部分尺寸满足规范要求后，移交电务安装转辙设备，工务配合，按照转换设备有关技术要求安装、调整转换设备，使其满足转换参数和道岔铺设要求。

（1）结合转换设备调试，进行道岔调整。局部细调轨距、支距及轨向调整，重点对尖轨和可动心轨密贴段检查调整，使允许偏差符合设计要求。

（2）密贴调整与转换设备调整同步进行，确保尖轨与基本轨密贴、可动心轨与两翼轨密贴，开通侧股时，叉跟尖轨与短心轨密贴。

（3）经过道岔系统联调后，转换设备应保证可动机构在转动过程中动作平稳、灵活，无卡阻现象。锁闭装置应正常锁闭且表示正常。

14. 质量检查

严格按照《高速铁路有砟轨道道岔铺设技术条件》（TB/T 3306—2013）、《客运专线铁路道岔铺设手册》等标准进行施工，确保施工的工程质量，部分要求见表4-1-4。

表 4-1-4 道岔铺设精度及检验要求

序号	检测项目	偏差要求
1	轨距	±1.0 mm
2	水平	≤2 mm
3	扭曲	2 mm

续表

序号	检测项目	偏差要求
4	高低	≤2 mm，用 10 m 弦量
5	方向	≤2 mm，用 10 m 弦量
6	直尖轨第一牵引点前与曲基本轨密贴，直尖轨其余部分与基本轨密贴	缝隙<0.5 mm
7	直尖轨其余部分与基本轨密贴	缝隙<1.0 mm
8	直尖轨工作边直线度	1.5 mm/10 m
9	直尖轨与曲基本轨间顶铁间隙	缝隙<1.0 mm
10	直尖轨轨底与滑床台的密贴	缝隙<1.0 mm
11	曲尖轨第一牵引点前与直基本轨密贴	缝隙<0.5 mm
12	曲尖轨与其他轨间顶铁缝隙	缝隙<1.0 mm
13	曲尖轨与基本轨间顶铁缝隙	缝隙<1.0 mm
14	曲尖轨轨底与滑床台的密贴	缝隙<1.0 mm
15	直基本轨与曲线尖轨组装后，曲线尖轨各控制断面（轨头宽度大于 15 mm）相对基本轨顶面的降低值	±0.5 mm
16	曲基本轨与直线尖轨组装后，直线尖轨各控制断面（轨头宽度大于 15 mm）相对基本轨顶面的降低值	±0.5 mm
17	转辙器部分最小轮缘槽	≥65 mm
18	尖轨限位器两侧缝隙偏差	±0.5 mm
19	支距	±1 mm
20	心轨尖端至第一牵引点处与翼轨的密贴（直）	缝隙<0.5 mm
21	心轨其余部位与翼轨密贴（直）	缝隙<1.0 mm
22	心轨尖端至第一牵引点处与翼轨的密贴（曲）	缝隙<0.5 mm
23	心轨其余部位与翼轨密贴（曲）	缝隙<1.0 mm
24	道岔心轨组装后，心轨各控制断面（轨头宽大于 15 mm）相对翼轨顶面的降低值	±0.5 mm
25	叉跟尖轨与短心轨密贴	缝隙<1.0 mm
26	直（侧）向开通心轨轨底与台板缝隙	缝隙<1.0 mm
27	辙叉直股工作边直线度	1.5 mm/10 mm，尖端不应抗线
28	长心轨轨腰与顶铁的密贴	<1.0 mm

续表

序号	检测项目	偏差要求
29	短心轨轨腰与顶铁的密贴	<1.0 mm
30	叉跟尖轨轨腰与顶铁的密贴	<1.0 mm
31	护轨轮缘槽宽度	-0.5～1.0 mm
32	查照间隔	≥1 391 mm
33	护背距离	≤1 348 mm
34	尖轨各牵引点处开口值	±3 mm
35	可动心轨辙叉第一牵引点处开口值	±1 mm
36	牵引点位置岔枕间距偏差	0～5 mm
37	焊接接头平直度偏差	0～0.2 mm/m
38	岔枕位置偏差	±5 mm
39	岔枕铺设相对于直股的垂直度	牵引点两侧和心轨部分 3 mm，其余 5 mm
40	螺栓扭矩	超过设计要求 10%
41	岔枕螺栓	丝扣均应涂专用长效防腐油脂
42	扣件安装、零部件	符合规定，无缺少，无松动
43	产品标记及支距标记	正确齐全
44	密贴状态下，尖轨规定和辊轮的间隙	[1, 2) mm
45	斥力状态下，尖轨轨底和滑床台板的间隙	[1, 3) mm
46	道岔全长	18 号道岔，±10 mm；大于 18 号道岔，±20 mm
47	转换过程中辊轮状态	滚动，与尖轨轨底接触
48	转换杆件沿线路纵向偏移量	≤5 mm
49	转辙机安装螺栓孔与基本轨直线距离偏差	≤3 mm
50	各牵引点两侧锁闭框中心位置偏差	≤3 mm
51	各牵引点心轨外锁闭，两侧锁闭量偏差	≤2 mm
52	尖轨、心轨转换阻力	≤设计指标
53	牵引点密贴检查（密贴段）	4 mm 不锁闭
54	牵引点间密贴检查（密贴段）	5 mm 无表示

【任务评价】

学习效果 （10分）	团队协作 （10分）	匠人精神 （10分）

学习点评：

任务二　普通单开道岔检查

任务目标

知识目标	能力目标	素养目标
（1）了解普通单开道岔的组成部件； （2）了解普通单开道岔的检测方法和步骤	（1）能够熟练地对普通单开道岔进行检测，并能准确地判断其维修状态； （2）能够正确分析检查手册中的数据	（1）具有吃苦耐劳、团队协作、不断学习的精神； （2）具有较强的情绪调节、环境适应、信息处理、分析总结和组织能力； （3）具有严格按照相关规范操作的意识

任务知识

普通单开道岔是一条主线为直线，侧线为在主线的左侧或右侧的道岔，是最简单、最常用的一种道岔。

道岔始端与道岔终端（或称岔头与岔尾）：尖轨尖端前基本轨轨缝中心处称为道岔始端，而辙叉跟端轨缝中心处则称为道岔终端。

左开道岔与右开道岔：站在岔头面向岔尾，凡侧线位于直线左方的称为左开道岔，位于直线右方的称为右开道岔。

顺向过岔与逆向过岔：列车通过道岔时，凡由道岔终端驶向道岔始端时，称为顺向通过道岔；反之由始端驶向终端时，称为逆向通过道岔。

普通单开道岔由转辙器、辙叉及护轨、连接部分组成，如图4-2-1所示。普通单开道岔的8个主要组成部件：转辙器部分的基本轨、尖轨、转辙机械；连接部分的直轨、导曲线轨；辙叉及护轨部分的护轨、翼轨、辙叉心（心轨）。

知识点测试：普通单开道岔检查

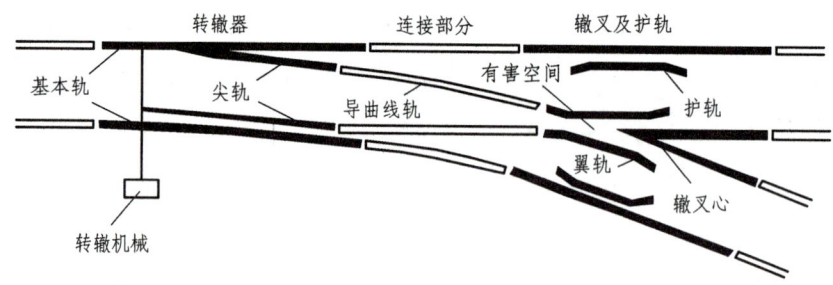

图 4-2-1　普通单开道岔示意

【技能实训】

1. 准备工作

（1）在"道岔检查记录簿"（表4-2-1）中填写站名、道岔编号、道岔型号、检查日期及检查人员信息等相关信息。

表 4-2-1　道岔检查记录簿（参考）

站名_____　　　道岔编号_____　　　型号_____

检查日期	检查项目	转辙部分				导线部分							辙叉部分											支距
		前顺坡终点	尖轨尖端处	尖轨中	尖轨跟端		直线			导曲线			叉心前		叉心中		叉心后		查照间隔		护背距离			
					直	曲	前	中	后	前	中	后	直	曲	直	曲	直	曲	直	曲	直	曲		
检查内容	轨距																							
	水平			×									×	×					×	×	×	×		
	轨向、高低及其他																							
	临时补修日期及内容																							

（2）确认道尺和支距尺是否处于计量部门鉴定的合法期内。若超过有效期限，需向考评员报告，并经同意后方可使用。

2. 基本作业

（1）设置防护，完成报告，上道进行作业。

（2）在距道岔约 30～50 m 处，站立目视道岔直外股的轨向，卧式目视其高低。如发现轨向或高低不良时，可记录在"轨向、高低及其他"栏内。

（3）目视完轨向高低后，回到检查的第一处（尖轨前顺坡终点，即道岔前接头处），正反道尺校正其水平是否误差大于±1 mm，误差大于±1 mm 时，须调整。

（4）检查步骤：按照先轨距、后水平的顺序逐处检查、记录。

（5）检查位置。以混凝土枕 60 kg/m 钢轨 12 号单开道岔为例，需要检查部位如表 4-2-2 所示。

表 4-2-2　混凝土枕 60 kg/m 钢轨 12 号单开道岔检查位置

序号	下尺部位	标准轨距/mm	对应轨枕位置	备注
1	尖轨前顺坡终点	1 435	第 1 号枕	
2	尖轨尖端	1 437	第 6 号枕	
3	尖轨中前	1 435	第 11 号枕	距尖轨尖端 3 508 mm，侧向轨距 1 441.6 mm
4	尖轨中	1 435	第 15 号枕	距尖轨尖端 5 641 mm
5	尖轨中后	1 435	第 21 号枕	
6	尖轨跟端曲股	1 435	第 26 号枕	
7	尖轨跟端直股	1 435	第 26 号枕	
8	导曲部分直股前部	1 435	第 32 号枕	
9	导曲部分曲股前部	1 435	第 32 号枕	
10	导曲部分曲股中部	1 435	第 38 号枕	
11	导曲部分直股中部	1 435	第 38 号枕	
12	导曲部分直股后部	1 435	第 46 号枕	
13	导曲部分曲股后部	1 435	第 46 号枕	
14	辙叉曲股前	1 435	第 54 号枕	
15	辙叉曲股中	1 435	第 57 号与 58 号岔枕间	同时量取查照间隔及护背距离（心轨轨头宽 20～30 mm 处丈量）
16	辙叉曲股后	1 435	第 63 号枕	
17	辙叉直股后	1 435	第 63 号枕	
18	辙叉直股中	1 435	第 57 号与 58 号岔枕间	同时量取查照间隔及护背距离（心轨轨头宽 20～30 mm 处丈量）
19	辙叉直股前	1 435	第 54 号枕	

（6）检查完轨距水平后，需同时检查道岔是否方正及尖轨是否相错。对于前端方正的检查，如有相错，应在岔前标记"+"或"-"，"+"表示相错，"-"则表示未相错。若相错超过 20 mm，需要在"轨向、高低及其他"或栏内记录。对于尖轨相错超过 10 mm 的情况，同样需要在记录栏内标注。

（7）在检查完道岔方正及尖轨相错后，需要检查导曲线支距。记录时，若实际支距大于计算支距，则标记为"+"，反之则标记为"-"。

（8）在检查完支距后，需要检查直、曲股护轮轨轮缘槽、尖基轨距和尖轨动程尺寸。

所有上述检查项目完成后,还需要对以下内容进行检查,并记录在"道岔检查记录簿"中:

① 钢轨。检查尖轨、辙叉、钢轨是否有损伤;检查尖轨尖端是否紧密贴合基本轨;检查钢轨接头错牙(顶面或内侧面),其错牙值是否大于 1 mm;检查轨缝是否有瞎缝或大于 18 mm 的大轨缝,普通绝缘接头的轨缝是否小于 6 mm,轨端是否有大于 2 mm 的肥边。

② 岔枕。检查岔枕位置或间距偏差是否大于 40 mm;检查岔枕在接头处是否失效,是否有连续失效现象;检查应该削平或修理的岔枕是否已修理;检查岔枕是否有空吊板。

③ 连接零件。检查接头、连杆、顶铁、间隔铁、轨撑以及护轨螺栓是否有缺损或松动,顶铁离缝是否大于 2 mm;检查尖轨与滑床板之间是否存在大于 2 mm 的缝隙;检查道钉、铁垫板是否缺损,道钉是否浮起、浮离;检查轨距杆以及其他螺栓是否缺损或松动。

④ 防爬设备。检查防爬器是否缺损、损坏或松动,防爬支撑是否失效,检查道岔两尖轨相错值是否大于 20 mm;检查道岔前端相错。

(9)若在检查中发现超限情况,应在"道岔检查记录簿"的"临时补修日期及内容"栏内注明临修日期、内容以及负责人,并圈画出超限处所,道岔轨道静态几何尺寸容许偏差见表 4-2-3。

表 4-2-3　道岔轨道静态几何不平顺容许偏差管理值(单位:mm)

项目		160 km/h<v_{max}（正线）			120 km/h<v_{max}≤160 km/h（正线）			80 km/h<v_{max}≤120 km/h（正线）			v_{max}≤80 km/h（正线及到发线）			其他站线		
		作业验收	计划维修	临时补修	作业验收	计划维修	临时补修	作业验收	计划维修	临时补修	作业验收	计划维修	临时补修	作业验收	计划维修	临时补修
轨距		-2~2	-2~4	-2~5	-2~3	-2~4	-2~6	-2~3	-3~5	-3~6	-2~3	-3~5	-3~6	-2~3	-3~5	-3~6
水平		3	5	7	4	5	8	4	6	8	4	6	9	6	8	10
高低		3	5	7	4	5	8	4	6	8	4	6	9	6	8	10
轨向	直线	3	4	6	4	5	8	4	6	8	4	6	9	6	8	10
	支距	2	3	4	2	3	4	2	3	4	2	3	4	2	3	4
三角坑		3	4	6	4	6	8	4	6	8	4	6	9	5	8	10

注:1. 支距偏差为现场支距与计算支距之差;
　　2. 导曲线下股高于上股的限值:作业验收为 0,计划维修为 2 mm,临时补修为 3 mm;
　　3. 三角坑偏差不含曲线超高顺坡造成的扭曲量;检查三角坑时基长,采用轨道检查仪时为 3 m,采用轨距尺时按规定位置检查,但在延长 18 m 的距离内无超过表列的三角坑;
　　4. 轨距偏差不含构造轨距加宽量,尖轨尖处轨距作业验收的容许偏差管理值为±1 mm;
　　5. 段管线、岔线道岔按其他站线道岔办理。

【参考规范】

1.《铁路轨道设计规范》(TB 10082—2017)。
2.《普速铁路线路修理规则》(TG/GW 102—2019)。

【任务评价】

学习效果 （10分）	团队协作 （10分）	匠人精神 （10分）

学习点评：

任务三　高速铁路道岔检查

任务目标

知识目标	能力目标	素养目标
（1）掌握高速铁路道岔的组成结构； （2）掌握对高速铁路道岔进行检测的方法和步骤	（1）能够对高速铁路道岔进行检测，并判断维修状态； （2）能够正确分析检查手册中的数据	（1）具有吃苦耐劳、团队协作、不断学习的精神； （2）具有较强的情绪调节、环境适应、信息处理、分析总结和组织能力； （3）具有严格按照相关规范操作的意识

任务知识

高速道岔种类较单一，以单开道岔为主，具有高安全性、高平顺性、高稳定性和较高的容许通过速度等特点，保证列车平稳、舒适的运行。因此，高速道岔均采用18号以上的单开道岔、可动心轨辙叉，电务转换采用外锁闭装置，适用于跨区间无缝线路。

视频：高速道岔

知识点一　高速道岔分类

客运专线道岔，可以按速度（包括直向容许通过速度和侧向容许通过速度）、轨下基础类型进行分类。

（1）按直向容许通过速度可分为250 km/h和350 km/h道岔两类。

（2）按技术类型可分为自主技术客运专线、CN、CZ三个系列，其中自主技术客运专线系列有18号、42号和62号三种号码道岔，对应侧向容许通过速度分别为80 km/h、160 km/h和220 km/h；CN系列有18号、39号、42号和50号四种号码道岔，对应侧向容许通过速度分别为80 km/h、160 km/h、160 km/h和220 km/h；CZ系列有18号、41号两种号码道岔，对应侧向容许速度分别为80 km/h和160 km/h。

（3）按轨下基础类型可分为有砟道岔和无砟道岔。

① 有砟道岔的轨下基础与传统道岔相同，采用碎石道床结构。

② 无砟道岔的轨下基础结构分为轨枕埋入式和道岔板式两种，其上部结构完全相同。轨枕埋入式道岔的轨下基础结构自下而上由混凝土支承层、现浇混凝土道床、预制混凝土岔枕（带钢筋桁架的预应力结构）组成。

板式道岔的轨下基础结构自下而上由混凝土底座、自流平混凝土填充层和预制道板组成。

知识点二　高速道岔的平面线型及结构

1. 道岔的平面线型

中国高速道岔系列可分为18号、42号和62号三种，设计参数及线型如表4-3-1所示。

18号道岔用于正线与到发线的连接;42号道岔用于渡线和上下高速线;62号道主要用于上下高速线。18号道岔采用单圆曲线线型;客货列车混运铁路250 km/h道岔,采用相离式(尖轨与基本轨切线相离12 mm)半切线尖轨线型,如图4-3-1所示,目的在于增加尖轨尖端截面厚度,提高尖轨的耐磨性能。相离半切线的平面线型是中国高速道岔独有线型。42号道岔和62号道岔采用圆曲线+缓和曲线(三次抛物线或放射螺旋线)线型。

表4-3-1 我国高速道岔设计参数及线型

道岔号码	18	42	62
道岔直向允许速度/(km/h)	250/350	250/350	350
道岔侧向允许速度/(km/h)	80	160	220
平面线型	单圆曲线(R=1 100 m)	圆曲线(R=5 000 m)+三次抛物线	圆曲线(R=8 200 m)+三次抛物线
道岔全长/m	69 000	157 200	201 000
道岔前长/m	31 729	60 573	70 784
道岔后长/m	37 271	96 627	130 216

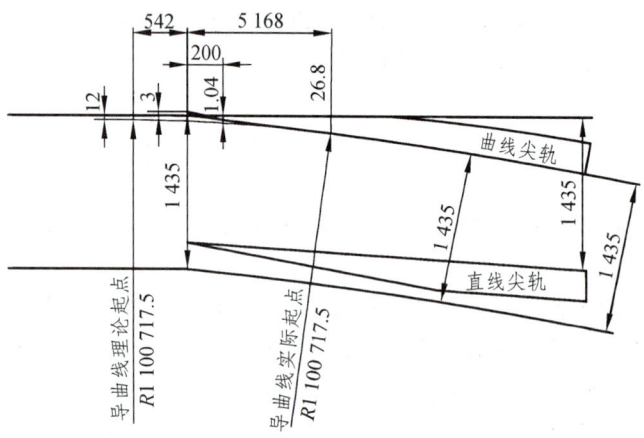

图4-3-1 相离式半切线尖轨线型及各部分轨距

2. 道岔的结构

高速道岔由转辙器、导曲线、辙叉、岔枕(轨下基础)、转换设备、融雪设备和监测设备等部分组成。

知识点测试:高速铁路道岔检查

【技能实训】

一、作业准备

1. 作业防护

在进行维修作业时(无论采用何种控制模式),必须在调度所设立的驻站联络员、车站设立的驻站联络员和现场设立的现场防护员处登记(销记)。同时,列车调度员和车站值班员必须签字确认。现场防护员必须使用双面红色警示信号灯进行现场防护,且需要通过对讲机联系。

维修过程中，驻站防护员必须通过对讲机与各作业组现场防护员进行联系。如果联系中断，作业负责人必须立即组织现场作业人员撤出维修区域。驻所防护员必须加强与驻站防护员的联系，掌握每个车站各作业组的进度情况。

在天窗作业结束前 30 min，驻所防护员必须提醒驻站防护员提示现场防护员准备撤离维修区域，并每 10 min 确认 1 次。

2. 作业工具材料

轨道测量仪、轨道检查仪、电子轨距尺、支距尺、正矢绳、钢板尺、5 m 卷尺、轨温计、石笔、照明设备、个人防护用品。

3. 检查工具材料

（1）对轨道测量仪、轨道检查仪、电子轨距尺、支距尺进行检查核对。电子轨距尺必须定期由计量部门进行检定，以确保量具的准确性。弦线长度应大于 20 m，并且应该有 20 m 和 10 m 处中央点的标记。

（2）照明设备必须由专人负责检查状态是否正常、电量是否充足以及各种工具是否正常。所有工具和设备在上道使用之前必须经过检查，禁止使用问题工具。工具、设备和照明设备必须进行编号及管理，同时将反光标识粘贴或者粉刷，方便在作业时移动。所有材料须委派专人管理。

（3）对讲机等通信设备的状态须进行检查，同时确保电力充足。在使用对讲机前，必须进行通话试验以确认对讲机通话质量良好。

4. 进网作业

在作业人员进入作业现场之前，作业负责人必须进行点名，并提供书面作业计划单，明确作业地点、作业内容、人员分工、作业标准、作业时间和安全注意事项，清点工具、材料，并指定工具材料负责人。现场防护员和作业负责人必须互相确认。

现场防护员必须联系驻调度所和车站联络员，确认综合维修天窗命令号、天窗起止时间，并向他们通报作业负责人的姓名、作业人数、作业地点、作业项目、使用工具和材料、进出网地点等。待驻调度所和车站联络员通知可以进入作业现场后，在作业负责人的带领下进入作业现场。

作业负责人必须确认现场防护已到位，并接到施工命令（命令号、施工起止时间）后，通知作业人员上道进行作业。

现场防护员在接到驻调度所和车站联络员的通知后，会同作业负责人，开行轨道车到作业地点。如果没有轨道车，作业负责人必须组织所有作业人员从就近的作业通道或者疏散通道进入，并步行前往作业点。在步行前往作业点的时候，必须在作业负责人的组织下列队沿路肩（或限界以外其他专门通道）行走。防护员带队，作业负责人位于最后，一直到达作业地点。在推行轨道检查仪时，必须按规定进行防护。在需要汽车运输的时候，必须遵守道路交通规则。

5. 作业调查

根据列车和轨检车检测的综合数据，使用轨道测量仪对动态检查超限的线路和道岔进行准确测量，同时精确定位并采集数据。测量完毕后，使用轨道测量仪现场模拟数据分析软件进行数据的分析整理。此外，为了对高低超限处的情况进行处理，使用水准仪进行高程水准测量，并在完成测量后进行拉坡。该设备所在工区和技术检测组使用电子轨距尺、支距尺、正矢绳、钢板尺等工具进行现场调查、数据的分析、制订维修作业方案。

6. 制定维修方案

应遵循"多查、少动、慎动、切忌乱动、大动，透彻分析病害，制订详细作业方案"的基本原则。根据调查值的大小。在道岔数据调整时，调整量计算应遵循"先保证直股，再兼顾曲股，转辙部分及辙叉区少动，两端线路顺接"的原则，现场作业坚持"先轨向，后轨距；先直股，后曲股；先整体，后局部"的原则。制订好的维修方案，根据调整值的大小，需要报上级部门审核批准，之后再将任务交给维修作业人员进行维修。

7. 现场照明设备

照明设备应该能够满足现场作业的要求，包括检查病害和使用发电照明设备、小型便携式照明设备、头灯进行作业。

二、现场作业

1. 布灯

为确保夜间检查作业顺利进行，应配备足够的照明设备并提前安排好灯光。同时，也需要有专人看管照明设备的开关、插头和发电机。

2. 现场检查

（1）轨距和水平检查在规定的检查点上按"先轨距，后水平"的顺序逐点检查并记录在《道岔检查记录本》的"轨距、水平、三角坑"栏内，同时，用石笔或油漆标注在相应的钢轨内侧轨底面上。对于伤损钢轨，应按标准的规定，在伤损钢轨内侧轨腰上做好标记。在检查尖轨和可动心轨的位置时，必须注意不要将手和脚伸入其中。如果尖轨需要转动，应及时移开道尺。

（2）高低和轨向检查。从道岔的岔首外侧 20 m 的位置开始，使用正矢绳和钢板尺，沿直道基本轨向道岔里进行高低和轨向的检查。在检查倒绳时，应该相互重叠 3~5 m。

（3）支距检查。使用支距尺进行支距测量，并将测量数据记录在《道岔检查记录本》。

（4）在检查过程中，需要随时注意检查其他项目（如轨枕、绝缘接头、钢轨、联结零件、空吊板、线路外观等）的病害情况。如果发现任何超限或其他危及行车安全的情况，需要在《道岔检查记录本》的"轨向、高低及其他"栏中进行记录。

（5）检查顺序。

① 对于可动心轨的单开道岔（编号18），按照以下顺序进行检查：

a. 转辙部分。尖轨前顺坡点、尖轨尖端处，尖轨中前直、曲股，尖轨中前部直、曲股，尖轨中后部直、曲股，尖轨根端直、曲股。

b. 导曲线部分。前部直、曲股，中部直、曲股，中后部直、曲股，后部直、曲股。

c. 辙叉部分。辙叉前部直、曲股，辙叉中部直、曲股，查照间隔曲股，辙叉中后部直、曲股，弹性可弯中心后部直、曲股，辙叉后部直、曲股。

② 轨距的检查位置和标准参见表 4-3-2。

表 4-3-2　轨距检查位置及标准表（客运专线 07 系列 18 号）

序号	检查部位	轨距标准/mm	检查位置	说明
1	尖轨前顺坡终点	1 435	1 号岔枕前	基本轨接头
2	尖轨尖端处	1 435	4 号岔枕前	
3	尖轨中前部（直）	1 435	13 号岔上	第二牵引点后边
4	尖轨中前部（曲）	1 435		
5	尖轨中部（直）	1 435	22 号岔枕上	第三牵引点后面
6	尖轨中部（曲）	1 435		
7	尖轨中后部（直）	1 435	30 号岔枕上	
8	尖轨中后部（曲）	1 435		
9	尖轨跟部（直）	1 435	39 号岔枕与 40 号岔枕间	4 股接头处
10	尖轨跟部（曲）	1 435		
11	导曲线部分前部（直）	1 435	51 号岔枕前	本点距前后接头均为 6.294 m
12	导曲线部分后部（曲）	1 435		
13	导曲线部分中部（直）	1 435	60 号岔枕与 61 号岔枕间	直股（或曲股）绝缘接头处
14	导曲线部分中部（曲）	1 435		
15	导曲线部分后部（直）	1 435	70 号岔枕与 71 号岔枕间	本点距前后接头均为 5.998 m
16	导曲线部分后部（曲）	1 435		
17	辙叉前部（直）	1 435	80 号岔枕与 81 号岔枕间	辙叉前接头处
18	辙叉前部（曲）	1 435		
19	辙叉中部（直）	1 435	92 号岔枕与 93 号岔枕间	辙叉长心轨顶面宽 20 mm 左右处
20	辙叉中部（曲）	1 435		
21	查照间隔（曲）	1 435		
22	辙叉中后部（直）	1 435	99 号岔枕上	辙叉第二牵引点后面
23	辙叉中后部（曲）	1 435	99 号岔枕上	辙叉第二牵引点后面
24	弹性可弯中心后部（直）	1 435	104 号岔枕与 105 号岔枕间	弹性可弯中心后第一间隔铁处及侧股对应位置
25	弹性可弯中心后部（曲）	1 435		
26	辙叉后部（直）	1 435	115 号岔枕与 116 号岔枕间	辙叉后接头处
27	辙叉后部（曲）	1 435		

注：1. 对于 18 号及以上编号的可动心轨道岔，尖轨中前部和中后部的检查位置应根据道岔类型进行调整，具体位置应在尖轨中部与尖轨尖端、尖轨跟端之间增加。
2. 对于 18 号及以上编号的可动心轨道岔，导曲线部分中前部和中后部的检查位置应根据道岔类型进行调整。
3. 辙叉中部指可动心轨辙叉长心轨顶宽约 20 mm 处。
4. 弹性可弯中后部指长心轨可弯中心后第一间隔铁处及侧股对应位置。
5. 对于 18 号及以上编号的可动心轨道岔，应在辙叉中部与可弯中心后部之间增加对辙叉中后部的检查，具体位置应在辙叉中部与弹性可弯中心后部之间均匀布置。

③ 水平检查。

由于可动心轨道岔的尖轨和心轨采用 AT 轨制造，水平检查的位置与轨距检查的位置相同。

3. 检查记录病害分析

（1）在使用轨道测量仪、轨道检查仪和电子轨距尺（带存储功能）时，应将检测结果记录在专用文件夹中且保存电子文档，并将轨道超限报表提交给保养工区（保养班）保存，保存期限为一年。

（2）设备检查记录簿应严格按规定符号逐项填写，对超过临时补修偏差管理值的地点进行分析。填写方式如下：

① 轨距和水平。填写实际值与标准值的差值。轨距实际值大于标准值时差值为正，无需写"+"号；轨距实际值小于标准值时在差值前加"-"号。水平以道岔直股内股钢轨顶面为标准股，导曲线下股钢轨顶面为标准股，当另一股钢轨顶面较基准股钢轨顶面高时差值为"+"号，反之为"-"号。

② 附带曲线（包括直线顺坡地段）。以曲线下股为基准股，记录实际超高与理论设置超高的差值。实际超高大于理论设置超高时差值为"+"号，反之为"-"号。在顺坡地段终点相应轨号栏内写上"Z"字样。

③ 轨向，不适用"+""-"号。高低，"包"时用"+"号，"坑"时用"-"号。

④ 轨向、高低及其他病害。记录在检查记录簿的"轨向、高低及其他"栏内相应的位置，并在超限数值下方画波浪线"～"，简要说明病害名称和量值。

⑤ 轨距、水平、三角坑、附带曲线正矢超限处所的分析符号规定。轨距、水平若超限，则在超限数字右下角画上"×"，或在超限数字上画"×"；三角坑检查基长为 6.25 m，但在延长 18 m 的距离内进行分析，即邻点和隔点均需分析，两点水平代数差即为三角坑。如果三角坑超限，则在两水平误差数字间用下划线"_"相连；附带曲线正矢差超限分析：圆曲线连续正矢差超限，在超限两点间画"—"相连；圆曲线最大最小正矢差超限，在最大点和最小点下方各画一横线。

⑥ 道岔。除检查轨距和水平以外，还要检查各部间隔、支距尺寸、零配件缺失及其他状态。除记录实量数值的查照间隔和护背距离外，其余均记录差值。支距只记录超限点号和超限值，实际值较标准值大时写"+"，反之写"-"号。

三、道岔检查要求

1. 道岔检查周期

（1）日常道岔结构检查。

对于正线和到发线道岔，每天都需要检查一遍。

（2）轨道几何尺寸检查。

对于正线道岔，每月检查一遍。对于重点地段，应加强检查。重点病害或轨道不平顺地段，应适时利用轨道测量仪进行静态复核。使用轨道检查仪检查正线和到发线道岔的直股，道岔曲股可以使用轨距尺和支距尺进行检查；曲线正矢应使用轨道检查仪进行检查。在检查几何尺寸的同时，需要做好全项目结构检查。

（3）扣件系统静态检查。

对于扣件系统，需要进行静态检查，并且需要按照表 4-3-3 进行周期性检查。

表 4-3-3　扣件检查内容和周期

检查内容	检查周期
扣件安装状态、部件缺损、预埋套管等	每半年检查 1 次
弹条紧固状态	每半年检查 1 次，每 km 连续抽查 50 个
钢轨与绝缘块、轨距挡板间隙	每半年检查 1 次，每 km 连续抽查 50 个
锚固螺栓扭矩	每半年检查 1 次
弹性垫板刚度	每年抽检 1 次，每 50 km 抽查 3 块

2. 道岔静态几何不平顺容许偏差管理值

道岔静态几何不平顺容许偏差管理值如表 4-3-4 所示。

表 4-3-4　道岔静态几何不平顺容许偏差管理值

项目		200～250 km/h		250（不含）～350 km/h	
		临时补修	限速（不大于 160 km/h）	临时补修	限速（不大于 200 km/h）
轨距/mm	岔区	-2～5	-6～8	-2～5	-4～6
	尖轨尖	-2～3		-2～3	
水平/mm		7	10	6	7
高低/mm		7	11	7	8
轨向/mm	直股	6	9	5	6
	支距	4	—	4	—
三角坑/(mm/3 m)		6	8	5	6

注：1. 轨距偏差不含构造轨距加宽值。
　　2. 高低偏差和轨向偏差为 10 m 弦测量的最大矢度值。
　　3. 支距偏差为实际支距与计算支距之差。

四、道岔检查工具及方法

1. 道岔检查内容和周期

道岔检查的内容和周期及检查方式如表 4-3-5 所示。

表 4-3-5 道岔检查内容和周期

序号	检查内容	检查方式	检查周期
1	轨距、水平、支距、高低、轨向	全面检测	每月检查1次
2	斥离尖轨非工作边与基本轨工作边最小间距	全面查看，重点检测	
3	查照间隔		
4	护轨轮缘槽宽度		
5	尖轨与基本轨、心轨与翼轨、短心轨与叉跟尖轨、尖轨与滑床台、心轨与滑床台、尖轨与顶铁、心轨与顶铁的间隙		
6	辊轮状态		
7	滑床台与基板脱焊及台面磨耗情况		
8	扣件状态		
9	弹性夹、拉簧状态		
10	弹性铁垫板、弹性基板等各种垫板状态	全面查看，重点检测	每月检查1次
11	限位器、间隔铁、顶铁、轨撑、接头铁、连杆等联结螺栓松动、变形或损坏情况		
12	尖轨防跳限位装置与斥离尖轨（标准开口）间隙，尖轨防跳顶铁与密贴尖轨间隙，心轨防跳顶铁、卡铁、间隔铁与心轨间隙		
13	尖轨相对于基本轨、心轨相对于翼轨的伸缩位移；两尖轨相对伸缩位移		
14	轮轨基础面（光带）检查、重点检查尖轨与基本轨共同受力部位接触面（位置、塑性变形、磨耗等）		
15	其他零件损坏、变形或缺失情况		
16	尖轨各控制断面相对于基本轨高差	全面检测	每季度检查1次
17	心轨各控制断面相对于翼轨高差		

2. 道岔检查工具

检查道岔所需工具如表 4-3-6 所示。

表 4-3-6 道岔检查工具

序号	名称	检查项目
1	轨道测量仪	轨距、方向、水平、高低
2	轨距尺（道尺）	轨距、水平、查照间隔
3	支距尺	支距
4	方尺	道岔基本轨始端、尖轨尖端对齐、岔枕垂直度
5	卷尺	道岔部件长度、岔枕位置、间距等

续表

序号	名称	检查项目
6	塞尺	钢轨间、轨底与台板间、顶铁与钢轨间的缝隙
7	游标卡尺、卡钳	间距、间隔等尺寸，部件尺寸
8	1 m 平尺	轨顶、工作边直线度
9	2 m 平尺	轨顶、工作边直线度，心轨尖端抗线，降低值（配合塞尺或深度尺）
10	弦绳（绷线器）	钢轨工作边方向、轨顶高低、钢轨直线度
11	弹簧秤、磁力拉环	道岔长度、钢轨长度
12	扭矩扳手	螺栓扭矩
13	钢轨轮廓（磨耗）测量仪	钢轨顶面轮廓，轨顶坡、降低值
14	尖轨降低值测量仪	尖轨降低值、心轨降低值
15	钢轨温度计	钢轨轨温

五、道岔日常结构检查记录表

道岔日常结构检查记录方法如表 4-3-7 所示。

表 4-3-7 道岔日常结构检查记录表

站名：　　　　　　　道岔编号：　　　　　　　道岔类型：

项目		检查项目及标准	现场状态	备注
轨道几何尺寸	轨距、水平、轨向、高低、扭曲	目视及使用道尺重点检查，无超过临时补修容许误差管理值处所		
	查照间隔	使用道尺检查，≥1 391 mm		
	转辙器最小轮缘宽度	使用钢板尺检查，≥63 mm		
密贴	尖轨尖端与基本轨	使用 0.5 mm 塞尺检查，间隙≤0.5 mm		
	心轨尖端与翼轨	使用 0.5 mm 塞尺检查，间隙≤0.5 mm		
	短心轨与叉跟尖轨尖端	使用塞尺检查，间隙≤0.5 mm		
异物	尖轨部分	全面检查，无异物		
	心轨部分	全面检查，无异物		
零配件	滑床板	全面查看，滑床板无损坏、变形		
	防跳轮及固定螺栓、开口销	全面查看，无缺少、损坏、变形、松动		
	转辙部弹性夹	全面查看，无缺少、损坏、变形、松动		
	辊轮及固定螺栓、开口销	全面查看，无缺少、损坏、变形、松动		
	转辙部防转卡铁及开口销	全面查看，无缺少、损坏、窜出		
	转辙部顶铁及固定螺栓	全面查看，无损坏、变形、松动，缝隙≤0.5 mm		

续表

项目		检查项目及标准	现场状态	备注
零配件	限位器及连接螺栓	全面查看,无损坏、变形、松动		
	辙叉部防转卡铁及开口销	全面查看,无缺少、损坏、变形、松动		
	心轨横向连接螺栓	全面查看,无缺少、损坏、变形、松动		
	翼轨间隔铁及连接螺栓	全面查看,无缺少、损坏、变形、松动		
	心轨间隔铁、扣板及联结螺栓	全面查看,无缺少、损坏、变形、松动		
	轨撑横向螺栓	全面查看,滑床板无损坏、变形		
零配件	护轨及螺栓	全面查看,无缺少、损坏、变形、松动		
	护轨弹性夹	全面查看,无缺少、损坏、变形、窜出		
	道岔螺栓	全面查看,无缺少、损坏、变形、窜出		
	胶垫、铁垫板、扣板	全面查看,无缺少、损坏、变形、窜出		
	弹条扣件	全面查看,无缺少、损坏、变形、窜出		
钢轨件	母材及焊缝伤损	全面查看,外观正常无伤损,加固设备正常		
	磨耗、肥边	全面查看,肥边不大于 1 mm,无擦伤及鱼鳞纹		
岔枕、道床	岔枕外观状态(含套管)	全面查看,无伤损		
	道床外观	道床外观良好,无影响行车异物,无散乱石砟		
轨道电路	绝缘状态	全面查看,绝缘完整无异物、轨缝符合标准		
	夹板、扣件螺栓紧固	全面查看,无缺少、损坏、变形、窜出、无联电		
警冲标	位置、牢固及清晰程度	全面查看,位置正确,埋设牢固		
其他		无其他影响安全的问题		

检查人:　　　　　检查日期:　　　　　审核人:

注:按《道岔检查记录本》的"检查方法及标准"栏中内容检查。无问题的在对应的"现场状态"栏中画"√";有问题的在对应"现场状态"栏中准确描述病害,整治后由处理人在《道岔检查记录本》的"销记签认"栏中签名并标注销记日期。检查范围包括站内绝缘接头。

【参考规范】

1.《高速铁路线路维修规则》(TG/GW 115—2023)。
2.《标准轨距铁路道岔》(TB/T 412—2020)。

【任务评价】

学习效果 （10分）	团队协作 （10分）	匠人精神 （10分）

学习点评：

参考文献

[1] 解宝柱，赵勇. 铁路轨道[M]. 成都：西南交通大学出版社，2017.
[2] 朱庆新，刘见见. 轨道施工技术[M]. 北京：人民交通大学出版社，2013.
[3] 高亮. 轨道工程（第二版）[M]. 北京：中国铁道出版社，2015.
[4] 张立. 铁路轨道构造与施工[M]. 北京：中国铁道出版社，2015.
[5] 李良英. 高速铁路线路工程[M]. 北京：人民交通大学出版社，2012.
[6] 佟立本. 铁道概论（第七版）[M]. 北京：中国铁道出版社，2016.
[7] 国家铁路局. 铁路轨道设计规范：TB 10082—2017[S]. 北京：中国铁道出版社，2017.
[8] 国家铁路局. 铁路线路设计规范：TB 10098—2017[S]. 北京：中国铁道出版社，2017.
[9] 中国铁路总公司. 普速铁路线路修理规则：TG/GW 101—2019[S]. 北京：中国铁道出版社，2019.
[10] 中国铁道科学研究院铁道建筑研究所，中国铁路通信信号集团公司基础部. 客运专线铁路道岔铺设手册[M]. 北京：中国铁道出版社，2009.
[11] 客运专线道岔研发组. 自主研发客运专线无砟道岔铺设手册（试行）[M]. 北京：中国铁道出版社，2009.
[12] 中华人民共和国铁道部. 高速铁路工程测量规范：TB 10601—2009[S]. 北京：中国铁道出版社，2009.
[13] 中国铁路总公司. 铁路轨道工程施工机械配置技术规程：Q/CR 9227—2017[S]. 北京：中国铁道出版社，2017.
[14] 中国铁路总公司. 铁路混凝土工程施工技术规程：Q/CR 9207—2017[S]. 北京：中国铁道出版社，2017.
[15] 中国铁路总公司. 铁路混凝土拌合站机械配置技术规程：Q/CR 9223—2015[S]. 北京：中国铁道出版社，2015.
[16] 中国铁路总公司. 铁路混凝土工程施工技术规程：Q/CR 9207—2017[S]. 北京：中国铁道出版社，2017.
[17] 中国铁路总公司. 铁路混凝土拌合站机械配置技术规程：Q/CR 9223—2015[S]. 北京：中国铁道出版社，2015.
[18] 中国铁路总公司. 铁路工程沉降变形观测与评估技术规程：Q/CR 9230—2016[S]. 北京：中国铁道出版社，2016.
[19] 国家铁路局. 高速铁路设计规范：TB 10621—2014[S]. 北京：中国铁道出版社，2015.
[20] 国家铁路局. 城际铁路设计规范：TB 10623—2014[S]. 北京：中国铁道出版社，2015.

[21] 国家铁路局. 铁路轨道工程施工质量验收标准：TB 10413—2018[S]. 北京：中国铁道出版社，2018.

[22] 中华人民共和国铁道部. 铁路运输通信工程施工质量验收标准：TB 10418—2003[S]. 北京：中国铁道出版社，2004.

[23] 国家铁路局. 铁路混凝土工程施工质量验收标准：TB 10424—2018[S]. 北京：中国铁道出版社，2018.

[24] 中国铁路总公司. 客货共线铁路轨道工程施工技术规程：Q/CR 9654—2017[S]. 北京：中国铁道出版社，2017.

[25] 国家铁路局. 高速铁路轨道工程施工质量验收标准：TB 10754—2018[S]. 北京：中国铁道出版社，2018.

[26] 陈玉洁，胡蓉. 高速铁路轨道构造与施工[M]. 北京：人民交通出版社股份有限公司，2020.

[27] 中国国家铁路集团有限公司. 高速铁路线路维修规则[M]. 北京：中国铁道出版社有限公司，2023.